体育院校专业教材

武术理论基础

全国体育院校教材委员会　审定

人民体育出版社

图书在版编目（CIP）数据

武术理论基础 / 全国体育院校教材委员会审定. -- 北京：人民体育出版社, 1997（2024.4重印）

体育院校专业教材

ISBN 978-7-5009-1407-5

Ⅰ. 武… Ⅱ. 全… Ⅲ. 武术-基础理论-中国-高等学校-教材 Ⅳ. G852

中国版本图书馆CIP数据核字（97）第02020号

*

人民体育出版社出版发行

北京新华印刷有限公司印刷

新 华 书 店 经 销

*

787×1092 32开本 6.75印张 145千字

1997年7月第1版 2024年4月第16次印刷

印数：39,311—40,810册

*

ISBN 978-7-5009-1407-5

定价：22.00元

社址：北京市东城区体育馆路8号（天坛公园东门）

电话：67151482（发行部） 邮编：100061

传真：67151483 邮购：67118491

网址：www.psphpress.com

前　言

本教材是在全国体育院校教材委员会的领导下，依据国家教委对武术专业课程设置要求编写的。它适于体育院校武术专业及其他专业本科生专修课及武术教学课选用。师范院校体育系科、武术工作者及武术爱好者亦可参考使用。

本教材旨在揭示和阐述武术诸多拳种技理基础的一般理论，是在 1987 年以来对武术理论开展多学科研究，积累了大量研究成果和文献资料的基础上总结编写而成的。本教材对培养我国的武术专业人才、对武术的理论建设及在海内外弘扬中华传统文化，也具有积极的意义。

本教材从北京体育大学、成都体育学院、武汉体育学院三所院校推荐的自编教材中进行章节选优，在此基础上综合各院校所长，由教材小组拟订了编写提纲，并推荐了部分院校教师参与编写和串编，然后由教材小组审阅、修订而成的。

全书共分绪言、武术与中国传统文化、武术传统理论思想、附录——武术运动与现代学科管窥四部分。附录部分暂不作教学内容，仅供学习参考。

参加本教材选优、审阅、修订工作的武术教材小组成员有：蔡龙云（顾问）、邱丕相（组长）、习云太、门惠丰、王培锟、江百龙、穆秀杰、郭志禹（秘书）。

初次选优入选的原作者有（以姓氏笔画为序）：习云太、弓云武、王瑞元、江百龙、吕韶钧、李国盛、林伯源、陈青山、张选惠、张茂于、柏晓玲、胡杨、徐红、梁星捷、程大力、曾庆宗等。

参加各章编写或改编、整理补充工作的有:江百龙、齐海、陈青山、张选惠、徐伟军、郭志禹、袁威、程大力、蔡宝忠等。

受教材小组委托,最后由邱丕相、程大力串编定稿,蔡钢协助工作。

人民体育出版社丛明礼、王洁参加了本教材选优和审改工作。

本教材由全国体育院校教材委员会委员、上海体育学院院长俞继英教授审核并签署意见,经全国体育院校教材委员会审定。

本教材的编写工作在国家体委科教司具体领导下,得到上海体育学院及各体育院校教务处和武术专业师生的大力支持,借此致以谢忱。

本教材的编写具有一定的探索性,难免会有不足之处或错误,敬请批评指正。

全国体育院校教材委员会

《武术》教材小组

1996 年 10 月

目　录

下篇　武术传统理论思想

附录　武术运动与现代学科管窥

绪　言

武术是以中国传统文化为理论基础，以内外兼修、术道并重为鲜明特点的中国传统体育项目。在其源远流长的发展过程中，武术摄养生之精髓，集技击之大成，形成了众多门派和较为系统的技术体系。武术植根于中国传统文化之沃土，蕴含中国传统哲理之奥妙，由此又形成了内涵很广、层次纷杂的庞大理论体系。独具中国特色的武术，在华夏百花园中一直焕发着异彩。

而今，武术作为一种技能和技艺，已为人们所理解和实践。但作为一门学科，其深邃的理论还有待于人们去认识、去挖掘、去整理、去研究，本书就是试图对其理论基础进行阐述的初步尝试。

武术理论基础研究的目的、意义

中国武术尽管在几千年的发展过程中多次遭到封建统治者的禁止和压制，但是，它不仅没有夭折、泯灭，相反却在民间得到了蓬蓬勃勃的发展，形成了今天这样拳种繁多、门派林立的灿烂形象。究其缘由，不仅仅是因其攻防自卫、养生健体、艺术审美的功能价值得到人们的认同，更重要的是，武术是在中国传统文化的滋养和哺育中发展，具有浓郁的民族特色。绵延了几千年的中国文化是中国武术源源不断、无比丰富的养料来源。武术发展到今天，已具有相对稳定的形式、内涵和价值。直接显示或暗含了在产生、形成和发展的特定时间、空间的特点及周围文化因素的影响。它涵溶了中国传统文化的各种成分和要素，在武术的内部结构或外部形态上进行着“形”与“意”的交融。我们可以清楚地看到中国人独特的思维方式、行为规范、审美观念、心态模式、价值取向、人生观和宇宙观等在武术中都有集中的反映。流传于中国民族各地区的不同流派、不同风格的武术，凝结了不同历史时期中国人民的智慧和知识。由此得以使武术生生不息，并发展至博大精深。武术与中国文化的交融集中、鲜明、直接地显现在武术的理论基础中。因此，研究武术理论基础不仅有利于弘扬中国文化和民族精神，而且更有助于我们全方位地、本质地、深层次地理解武术，对武术理论、技术发展也会有深远的意义。

莎士比亚曾说：“每个时代对传统历史都能发现新的意义和作出新的解释。”当今，对武术的两个走向的提法从认识上已扩展了思路，从平面、立体两方面去观察武术的涵盖范畴，又从方法上开辟了新径，拓宽了视野。武术文化形态实际上是多元的、多层次的、丰富的文化网络，武术的发展则有着广阔的历史背景，所以武术的研究便既是宏观的，又是具体的；既是文化的，又是技术的。

武术理论界充分认识到强化武术的文化研究的重要性，并且作了可观的工作，可以说已经走出了肤浅的认识武术的低谷。然而武术理论研究落后于武术实践，武术的理论基础研究落后于武术技术的整理，仍是一个依然存在的现实问题。马克思主义经典作家告诉我们：一个民族要达到科学的巅峰，必须有理论思维。武术要完成其从民间文化向现代科学的高层次发展的转轨，完成民间体育向现代规范化体育的转轨，对其进行理论上的高度概括、总结与研究，已成为一个亟待解决的现实问题。研究武术理论基础，无疑将有助于武术科学的完善，进而推动和加速武术的高层次发展，推动武术向世界的传播。

研究武术理论基础也是武术教学的迫切需要。武术理论性质的课程是武术专业学生的必修课程，然而在教学实践中，却是一个非常薄弱的环节，到目前为止，还没有一本能为众人认可的较好的武术理论基础教材。武术的教学迫切需要一部概括和综述性的教材，引导学生从立体的、崭新的角度把握武术的本质与特征，并指导学生以所学的基础知识应用于武术的研究工作。《武术理论基础》对实现这一要求显然具有积极的意义。

研究武术理论基础又是实现武术理论工作系统化、科学化的要求。武术是中国传统文化的结晶，在其漫长的发展过程中，受到各种不同历史朝代的政治、经济、文化、艺术、宗教的影响。中国地域广大，民族习惯、环境气候诸方面存在较大的差异，各具风格、门派种类繁多的武术技艺的形成也显然与之有关。纵观武术的发展过程，历来只注重技艺的身传口授和各种拳械的功法记载，虽然在某些著作中也可窥见宗教、军事、文化等对其拳种的影响，但数量甚微，且大多为自我标榜或依托仙传神授的子虚。理论研究大大落后于技术传习，是武术界公认的事实。时代在发展，社会在进步，特别是新中国成立以后，武术作为东方文化的一颗明珠，日渐为人瞩目，国内外武术界，以极大的紧迫感提出了强化武术的科学研究问题，提出了武术不仅要平面发展，外练“筋、骨、皮”，而且必须立体发展，内练“精、气、神”。1987年全国武术学术讨论会是一次“扬武举文”的盛会，提交讨论会论文作者不仅有武术界、体育界的同仁，而且有科学界、医药界、文艺界的专家学者。多方位的武术科研队伍正在形成。

武术理论研究的课题是多方面的，而武术理论基础研究则是武术理论系统化、科学化的首要课题，不少外国朋友在习练武术技艺之余，就提出要了解武术与中国古代哲学、武术与医学、武术与中国文化、武术与养生的因缘关系，还成立了许多武术研究团体，并吸收汉学家、医学家、心理学家、社会学家参加团体的研究活动。

武术理论研究的系统化、科学化就是要全面地、立体地研究武术，使绵延发展数千年的武术文化内涵得到充分展示。我们不能只描述森林的每株树木，而必须抓住森林的主要特征，详尽研究，高度概括其源流关系，建构理论研究体系，用近代科学的研究成果来充分展示武术的“博大精深”，并指导武术的发展。

武术理论基础研究的范围与内容

武术是一项民族形式的传统体育，是一门涉及众多领域的人体科学，与中国文化水乳交融。对武术进行理论基础研究，既涉及社会科学，亦涉及自然科学，既有对武术现象的探究，亦有武术共性归纳性总结，范围十分广阔。

研究武术理论基础的范围与内容，首先必须明确，它不是对武术的不同流派、拳种、功法去进行整理，而是对武术的本质属性、规律特征以及众多拳种流派共同构造的武术理论概括与总结，它应高屋建瓴、视野开阔地将武术置于中国文化和中国社会历史这一大背景中来剖析，并探讨导致中国武术在其中得以形成发展的特殊深层机制；其次，武术理论基础是构成武术理论体系的基石，传统文化的基本内容，传统文化其他文化形态的渲染与交融，对武术传统的理论体系形成产生了重大的影响，也是我们必须进行归纳总结的内容；第三，现代科学发展对于揭示武术的规律，探究武术运动的功能，指导武术运动实践具有深远的历史意义与现实指导意义，同样也是武术理论的科学基础。鉴于以上认识，我们认为："武术理论基础研究的对象与范围，应该主要是武术的理论渊源，武术自身的理论学说，以及用现代科学的原理与方法去研究揭示武术的科学性，指导武术运动健康发展的理论。

1. 武术的理论渊源

武术植根于中国的文化土壤，犹如一棵枝叶茂盛的大树，其根须伸展到四面八方，吸收着各方面的养分，因此其理论渊源是多元的，既吸收了道家、儒家、道教、佛教的哲学思想，又涵涉了传统医学、传统美学、诸家兵法，其理论框架内容体系，交叉互取，不仅内涵丰富，也显得异常复杂。

2. 武术的理论体系

中国武术在强身、健体、尚礼、自娱的理论观点指导下，运用太极说、阴阳说、五行说、八卦说等高度概括了拳理、拳技、练功原则和技术战略，形成了"形神兼备""体用并重""拳法阴阳""守柔处雌""尚武崇德"等理论原则，为各类拳技构筑了牢固的理论基石。

3. 武术的科学基础

中华武术的哲学思想，系统的搏击理论，完整的锻炼体系，良好的健体功效，以及其独特的民族艺术风格，受到了武术工作者和科研工作者极大关注。武术的发展给武术研究提出了新的课题，武术运动走向世界也给广大武术工作者提出了新的要求，人们已不再满足于以传统方式对武术技艺进行练习与研究，而是主张从更新的思维角度，用更科学的研究方法，特别是运用生物科学的理论与方法，对武术进行多角度多方位的研究，以了解武术运动对人体结构机能的影响机制，揭示强身健体、防身养生和观赏自娱的客观价值，阐释武术运动对人体锻炼的独特作用，为教学、训练、竞赛和修身养性提供宝贵的科学依据。

武术理论体系的形成与研究有一个漫长的完善过程，在探讨过程中，还有一些问题有待进一步研究。

第一，武术理论基础是武术学中一块举足轻重的基石，它不可能描述每一个武术运动中的现象，但它抓住的是事物的整体特征，其中的某些分支如果向纵深发展，可以分化出来一些独立的学科，如武术哲学、武术美学等。

第二，武术理论基础的范围该有多大，应该包括哪些内容，尚在一个探索的过程中。我们认为：研究之初，不妨把面铺得大些、广些、深些，使理论体系的研究有一个长足的进步，尽快跟上技术体系的发展，并以研究的成果指导技术体系。

第三，要利用其他学科的知识来解释武术运动。武术目前借鉴了许多国外的训练方法、竞赛形式，朝着科学化、规范化的目标发展，理论研究上，定性解释是必不可少的，但也必须补充相当匮乏的、较为严密的定量解释。

第四，武术理论是在中国传统文化的熏陶下形成的，由于传统文化的时代局限性，武术理论体系也深深打上了历史的阶段烙印，存在着精华和糟粕，它既有丰富中华优秀传统文化的一面，同时也摆脱不了时代局限造成的理论缺陷。其中最为显著的反映是理论中神秘主义、机械唯物论等。因此在对武术理论体系进行研究时，必须融入历史的观点。我们既不能妄自菲薄根植于中国古典文化的武术理论，更需要用现代科学为指南，以马克思主义的哲学为原则，扬传统武术理论之精华而弃其糟粕。建筑科学的武术理论大厦，这是武术同仁义不容辞的责任。

第五，武术理论基础是对充满活力与生机的武术进行抽象概括和总结。目前武术理论体系尚缺乏系统性。我们既不能因为武术理论还有待于进一步提炼总结和发展完善，而否定其理论独树一帜的一面，同时也要看到完成理论基础体系系统研究是一个长期的过程。

第六，武术理论基础产生于武术拳技，又反作用于拳技，这种反作用应体现在：一方面将通过对拳技的总结，借助理论媒介，传播武术；另一方面技术的理论升华，为人们更深刻领悟武术拳技的奥秘提供理论依据、寻求技术深层理论的发展。不仅如此，武术拳技理论的“超前性”问题，从理论上探讨拳系发展的方向、趋势、特点，也是武术理论研究的重要课题。

武术理论研究的现状与展望

中华武术具有悠久的历史，在其漫长的发展过程中，由于种种原因，武术理论的研究滞后于武术技术发展，武术学科的建立落后于武术技术体系的形成，乃至于中国人和外国人对武术的认识中，不同程度存在神秘性、片面性和局限性。值得欣慰的是，近年来，众多的武术界同仁已认清武术理论研究的重要作用，或从学科的建立、或从文化学、或从史学、或从武术专业的一般理论诸多角度作了不少有益的探讨，发表许多颇具学术造诣的专著、论文，填补和拓宽了武术理论研究的领域。例如：

第一，武术源于民间，旧时的武术靠师徒、血缘关系世代承袭。习武者传授技艺，往往受自身对某一拳技的理解和身体素质的限定，于是便形成了各具风格、门派种类繁多的武技武术。中华人民共和国成立后，为推广和弘扬中华武术，武术理论研究者进行了广泛的武术挖掘与整理工作，规范了武术的技术体系，完成了武术从"江湖把式"到现代体育的转变，亦为武术学科的建立筑建了一定的基础。

第二，众多的武术史学工作者，致力于武术的史学研究，客观地揭示了武术产生、发展的一般规律及不同历史时期武术发展的基本特征，为人们认识和研究武术提供了可靠的史料和史学的理性思维。

第三，随着理论研究的深入，愈来愈多的武术理论工作者深刻地意识到，武术不仅有精湛多彩的技术，而且富有深刻的文化内涵。在他们的研究实践中，开始涉猎武术文化领域。他们的研究成果，从更深层次上揭示了武术的博大精深和其独特的文化魅力。

第四，武术是传统的，也是现代的。武术与现代科学有着不可割裂的渊源关系。近来，研究者们开始注重用现代科学的理论、方法、手段去揭示武术的内在规律，为人们认识和研究武术展示了崭新的天地。

第五，武术理论工作者，已经注意到武术学科的建立与完善对武术发展的积极作用，在武术研究对象、方法和内容体系等学科建设问题上，进行了探讨，发表了一些建设性的看法和意见。

武术理论工作者的努力与成就是显而易见的。然而，我们也不难发现，对武术的研究尚缺乏系统性和整体性，这就要求我们重新认识我们研究的出发点、思维方式、认识方法。

第一，在以往的研究中，受技术门派种类繁多的思维定式的影响，强调技术的门派宗法。对个性特征研究较多，缺乏对武术技术体系的高度抽象概括。客观上讲，不同拳种共立于武术这一旗帜之下，必定存在着许多带有规律性的东西，如果我们对这些问题不能进行提炼与总结，便不能形成武术技术自身理论体系。那么武术作为一门独立的学科，缺乏其独特的研究对象，是很难有说服力的。

第二，在过去的理论研究中，人们对武术的认识和探讨往往注重一个侧面，或是从文化学谈武术，或是从史学论武术，或是从技术看武术。武术概论的讨论，从整体上研究武术的工作，仍嫌不足。

第三，任何事物都是变化、发展的，武术在长期的社会实践中日趋成熟，在不同的历史时期呈现不同的特征。人们在对武术理论的探讨中，往往过多地强调武术特定时期的某些特征，并把此作为一成不变的现象，使得我们在研究过程中跳不出民间武术狭小的圈子和理论的误区。

中国武术是中华民族漫长历史发展、演变的文化结晶。在其绵延几千年的发展过程中，始终与中国社会的政治、经济、文化交融，从而形成自己独特的本质属性和价值功能，并别于其他社会现象。这就从客观上要求我们，在研究中必须尊重武术与中国社会历史变迁、演化同步发展的客观规律，将武术置身于历史发展的长河，站在高度抽象、多维思考的角度，从动态上，从武术发展的趋势上去把握它的本质与价值所在。只有这样，才能准确地概括出武术的全部内涵。对过去的武术，对未来的武术研究都应当如此。

中华武术在其漫长的演化过程中，不断地完善，具有了多重属性，但较为突出的是它的文化属性和体育属性，并派生出多种价值功能。纵观武术发展的历史，武术沿着从民间技艺到现代体育，从传统性到现代化，从中国走向世界，从亚运会走向奥运会的趋势发展。据此，原中国武术研究院院长徐才同志提出从现代体育着眼认识武术，从发扬传统着眼认识武术，从奥运战略着眼认识武术，从弘扬民族文化着眼认识武术，这为武术理论研究提供了新的思路和方法。

第一，从现代体育着眼认识武术

武术是个古老的事物，具有很大的魅力和生命力。旧时人们往往把武术看作"江湖把戏"，把武林好汉看作江湖人物，无非是行侠仗义或走江湖卖艺，因而把武林人士打入"三教九流"或"鸡鸣狗盗"之辈。这显然是不公正的。本来武术从它的萌芽时期，即初民的狩猎、搏斗等动作在原始宗教仪式或丰收庆典上演练，已具有娱乐的动机。到了商周时期，出现了"大武舞""干戚舞""弓矢舞"等早期武术与舞蹈结合的娱乐形式。春秋战国时期，带有军事娱乐色彩的斗剑、角力等活动盛行。秦汉时期，武术的娱乐性更加突出。到了唐代，武术表演开始在民间大量涌现，不再是单为宫廷服务了。到了宋代，随着城市文化生活的繁荣，江湖上的武术表演大为兴盛。易聚易散的娱乐场所"瓦舍"（意思是"来时瓦合，去时瓦解"）在宋代出现，这标志着古代江湖艺人的表演走向成熟。可以说，江湖艺人的出现是社会进步的产物。进入明清时期，又出现了一种新的表演形式，叫作"走会"。由于"走会"武术表演的内容居多，所以也叫"武会"。近年来，我国农村乘改革东风迎来兴旺发达景象，各种"花会"应运而兴。"花会"的一个重要内容就是武术表演。所以，对"江湖卖艺"需作历史的、社会的、文化的分析，不可蔑而视之。当然，如今的武术已进入国内和国际体育运动的领域，早已超出娱乐范畴，成为国际竞技体育的一个项目，这就不能再用旧的观点看待武术了。我们既要看到武术仍具有自娱、他娱的娱乐性，更具有现代竞技体育的价值。从国内全国武术锦标赛和全运会的武术比赛，到亚运会、东南亚运动会以及世界锦标赛上的武术比赛，都是按照现代体育的规范进行的。当今，武术已是跻身于国际体育运动的一个新兴项目。我们需要从各方面支持它、培植它，使武术逐步完善，成为一个规范化的现代体育运动。

第二，从发扬传统着眼认识武术

武术是中国优秀文化传统之一，凡习练武术或传授武术都应继承和发扬传统武术中的精华部分和合理内核。武术植根于华夏大地，绵延几千年，具有浓烈的民族特色。这就是说，这个与人民群众有着血肉联系、内容丰富、形式多样、内涵精深的传统文化有着相对的稳定性，任何偏离传统的精粹内容和合理内核的主观随意性都是使不得的。

新中国成立以来的武术，就是在吸收传统的基础上有所改进、有所创造、有所前进的，因而受到国内外的习武爱武的人所认同。所谓传统本来就是过去一直发展到现在的东西，是过去与现在交融的结果。从武术的历史沿革来讲也是如此，后人继承了前人的，又发展了前人的。一个太极拳从陈王廷起，到后来出现了杨禄禅、吴鉴泉、孙禄堂、武禹襄等多种太极拳流派，今人又有新的发展和创造，这是合乎事物发展规律的。有人说现在的武术是“花拳绣腿”，没有传统。这样说，也是不公平的。机械地搬用自由体操动作自然是不足取的，但是保留了传统特色和技法而具有观赏价值的武术，是不能以“花拳绣腿”，一棒子打倒的。在历史上极力反对“满片花草”的戚继光，在他的《纪效新书》中都编进了不少武艺套路，以便士卒“惯勤肢体，活动手足”，我们怎能把新编套路说成“花拳绣腿”呢？《纪效新书》所以叫“新书”，戚继光在自叙中解释说：“曰‘新书’，所以明其出于法而不泥于法，合时措之宜也。”出于法而不泥于法，继承传统又不拘泥于传统，这正是新中国成立以来武术套路发展的辩证法。毋庸置疑，这些套路还有瑕疵，这是可以改进和完善的。

第三，从奥运战略着眼认识武术

奥运会是当代最高层次的国际运动会，各国人民都被它的精彩纷呈、充分调动人体功能和为和平与友谊服务宗旨而心向往之。武术虽然挺进到亚运会，但踏进奥运会的大门还要经过一段艰难的路程。但是，国人的心志是，武术要向奥运会进军，中华民族要为奥运会贡献一个中国项目。现在已经有了国际武术联合会的组织，武术的世界锦标赛也开始举行，世界武术的运动技术水平也在不断提高。可以预言富有东方色彩的武术运动将在世界各国更广泛地开展起来。在科学领域，七十年代末中国学者提出一个“潜科学”的概念，这是相对于已经有了科学体系的“显科学”而言的。如果借用这两个概念，把已经成为现代奥运会的项目叫作“显奥运会项目”，那么还有一些正在兴起和又受到广泛喜爱的非奥运会项目视为“潜奥运项目”是不过分的。正在走向世界的中国武术和已经在世界广泛发展的空手道、跆拳道是不是可以看作“潜奥运项目”呢？跆拳道已经被巴塞罗那奥运会列为表演项目，有朝一日会不会成为“显奥运会项目”呢？空手道已经被列为广岛亚运会的正式比赛项目，设十多块金牌，会不会有朝一日也成为“显奥运会项目”呢？如果我们单纯以战术观点去看待问题，只示近功，不顾远利，把“潜奥运项目”压在那里，必会到时后悔莫及，当然，“重要的在于参与”，不以取得金牌为唯一标准。须知如果对现在的“潜奥运项目”不予重视，不给予倾斜政策，到时候连参与的资格都得不到，金牌又何在呢？可以说，现在一些可称之为“潜奥运项目”的运动而我们又有优势的项目，是到了提上议事日程的时候了。

第四，从弘扬民族文化着眼认识武术

武术确是个在技术上独具一格、风采翩翩的运动。正像许多外国朋友讲的，武术技术丰富有学之不尽之感。这正是由于武术是在长期历史发展中，受到中国传统文化的乳汁滋养的结果。武术不仅有精湛多彩的技术，且富有深邃的文化内涵。这正是其他现代体育项目所望尘莫及的。武术渗透着中国古典哲学、美学、伦理学、兵法学和中医学的内容，确是博大精深。许许多多的外国习武者说，他们习练武术既是为了健身、防身，也是为了从中了解和领悟中国的传统文化，甚至有的提出通过习武健身懂得“做人的真谛”，“完善人生的价值”。因此发展推广武术，仅仅有一个单纯的习练拳法、健身防身的小武术观是不够的，还必须有一个大武术观，从武术内层和深层认识武术哲理、伦理、学理和医理，才能充分发挥武术的健身、防身、修身、悦身和医身的多种功能。当然，这绝不是单纯靠体育和武术圈内的人所能完成的，需要社会各方面学者、专家和习武群众共同努力。

武术理论体系的研究和形成有一个漫长的完善过程，需要几代人的不懈努力。武术理论的研究任重而道远。我们深信，只要武术界仁人志士精诚合作，武术理论研究的春天将扑面而来。

上篇　武术与中国传统文化

第一章　中国武术文化概述

第一节　文化、文化类型与中国文化的概念

文化作为一个科学的术语，据说1920年以前只有六个不同的定义，而在1952年便已增加到一百六十多个。现在则可能更多。一般而言，狭义的“文化”，专指与精神生产直接相关联的活动过程与产品；而广义的“文化”，则约略等于与自然物、自然界运动相区别的，既包括精神产品，也包括物质产品在内的人所创造的一切非自然物，以及这种创造活动过程本身。这就是文化。

文化是人类共通的、共同的创造或遗传，使人得以成其为人，并区别于其他生物。但文化又形成不同的模式或类型，以区分不同的种族、民族或部族。A·克罗伯肯定“不同质的文化可依据价值观念的不同进行区别”。著名美国人类学家鲁斯·本尼迪克特更强调文化的这一特点，给文化下了这样的定义：“（文化）是通过某个民族的活动而表现出来的一种思维和行为方式，一种使这个民族不同于其他任何民族的方式。”于是她又借鉴了哲学家尼采在古希腊悲剧的研究中所采用过的名称，将两种具有不同精神特征的文化称为“阿波罗型”文化和“狄奥尼索斯型”文化。

当然，文化既是一个民族区分于另一个民族的方式，那么反过来说，不同的民族就会有不同的文化。所以又有人更具体

的将世界文明划分为欧美基督教文化圈、阿拉伯伊斯兰教文化圈、印度佛教文化圈、东方儒学文化圈等四大文化类型。德国著名历史学家斯宾格勒则在其《西方的没落》一书中提出：世界历史上曾有过八个高级文化（它们分别是埃及文化、印度文化、巴比伦文化、中国文化、古希腊罗马文化、伊斯兰教文化、墨西哥文化、西方文化）。英国著名历史学家汤因比则认为："迄今为止，世界历史上存在过二十一种文化或文明（它们分别是西方文明、拜占庭东正教文明、伊朗文明、阿拉伯文明、印度文明、中国文明、希腊文明、古代印度文明、古代中国文明、米诺斯文明、苏美尔文明、赫梯文明、巴比伦文明、埃及文明、安第斯文明、墨西哥文明、育加丹文明、玛雅文明、俄罗斯东正教文明、朝鲜文明），无论是否必要，或许将一个民族的特征追踪得更细，文化类型与模式的划分也将更细。

中国文化从来都以迥异于其他文化类型的鲜明的特征与广大的内涵，与其他民族与民族文化相区别开来，并独立存在。中国人之所以为中国人，中国人走到哪里都是中国人，主要并不是种族意义上的而是文化意义上的。中国文化的发达、成熟、深厚也从来使面对它的异文化的拥有者们注目与震惊。

第二节　文化形态与武术文化形态的概念

美国著名人类学家克鲁柯亨在《文化概念·一个重要概念的回顾》中指出："文化存在于思想、情感的起反应的各种业已模式化了的方式当中，通过各种符号可以获得并传播它。另外，文化构成了人类群体各有特色的成就，这些成就包括他们制造物的各种具体形式。"文化是抽象的，概括的，又是具体的，类分的。克鲁柯亨所谈的"各种符号" "各种业已模式化了的方式”“各种具体形式”,事实上谈的就是文化之下的各种具体文化形态。文化形态是文化巨系统中的子系统和有机组成部分,文化与文化形态的关系,是母体文化与分支文化的关系。武术文化,便是中国文化母体之下的一个分支文化——一种文化形态。

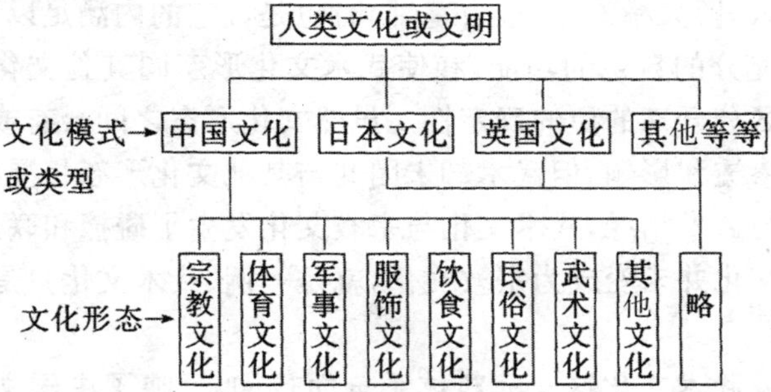

当然,文化形态也不是无限可分的,一种文化形态是否成立,关键是看其文化负载能力,或者说文化的灌注程度。让某一种小吃、一种陶壶也享受被冠以文化的殊荣,是“文化”一词的滥用,因为实际上这些物品的文化意义太小,太少。武术之所以能当之无愧地被称作为一种文化形态,被当作上升到文化层次的对象来对待和研究,能被称为“武术文化”,关键在于:第一,武术文化是中国文化整体的有机组成部分;第二,武术文化自成完整体系;第三,武术文化这一完整体系全面贯彻、反映了中国文化的基本精神。

说武术文化是中国文化整体的有机组成部分,是说在中国文化的历史背景中,必然地要形成武术。在中国文化的有机构成中,必不可少地要有武术。它不可能不存在,也不可能被排斥和忽略不计。正是这些诸多的具体的有机体,构成了中国文化本身。一种器械、一个拳种的出现和存在可能是偶然的,但武术文化的出现和存在是必然的;这犹如一种小吃、一种陶壶的出现和存在是偶然的,但饮食文化的出现和存在又是必然的。没有了武术文化(或饮食文化、宗教文化等等),中国文化就可能不是中国文化,或者说不是现在面貌的中国文化。

说武术文化自成完整体系,既是说它的内涵广大丰富,历史悠久,博大精深,千枝百蔓,同时也是说它的内涵足以独立,有着充分的自足的功能,和使武术文化形态同其他文化形态严格区分开来的质的确定性。虽然文化形态之间会有或多或少的渗透和影响,但武术却未因此与其他文化形态相混淆。少林寺与武术结缘,武术文化与宗教文化发生了碰撞和联系,但武术文化并未变成为宗教文化,就是一例。武术文化只是武术文化。

说武术文化这一完整体系全面贯彻、反映了中国文化的基本精神,是说武术有着足够的文化负载能力,武术文化作为中国文化母体的一个侧面,具有文化母体的核心本质特征,透过它,可以完整地折射文化母体基本精神的全部光芒,毫无疑问,中华民族独特的思维方式、行为方式、审美观念、心态模式、价值取向、人生观和宇宙观,在武术文化形态中都有集中的反映。"窥一斑而见全豹","一滴水可以照见整个太阳",由武术文化形态的深入了解与研究,无疑不仅可以把握武术文化形态本身,也可以更切入地观照复杂文化母体的主导与整体面貌。

是否能反映民族文化的基本精神,是一种文化形态是否确立的重要标志。但我们民族文化的基本精神是什么呢?或者说这种基本精神有什么内容呢?

张岱年、程宜山先生在其合著《中国文化与文化争论》一书中提出:"中国文化丰富多彩,中国思想博大精深,因而中国文化的基本思想也不是单纯的，而是一个包括许多要素的统一的体系。这个体系的要素主要有四：①刚健有力，②和与中，③崇德利用，④天人协调。四者以刚健有为思想为纲，形成中国文化基本思想的体系。”李泽厚先生则在《试谈中国人的智慧》一文中提出：中国人智慧的根基，实即文化的基本精神内涵，主要有四点，即所谓的“血缘根基”“实用理性”“乐感文化”“天人合一”。汤一介先生在《再论中国传统哲学的真善美问题》一文中则提出：文化的核心问题是哲学问题。中国哲学的基本命题有三：解决人与自然（宇宙）之关系的“天人合一”；解决人与人（社会）之关系即人类社会的道德标准和原则问题的“知行合一”；解决艺术创作中的人和反映对象之关系的“情景合一”，汤一介认为中国文化是个囊括世界而以伦理意识为中心的深层结构。正是这一深层结构决定了中国文化的若干表象，也形成了长久影响民族精神的四个方面：①空想主义，②实践的道德观念，③求统一的思维方式，④直观的理想主义。另外，庞朴先生则在《中国文化的人文主义精神》一文中，提出了中国文化的基本精神有缺乏神学宗教体系，以伦理政治为轴心的内容的观点。综合这些看法，大致可以清晰全面地把握民族文化的基本精神的主要方面。

我们民族文化的基本精神，在武术中有着集中的反映，或者说，这种基本精神，深深渗透于武术文化形态之中。武术以其作为一种文化形态的特殊本质，却反映了一般意义上的、共通的、共同的我们民族文化的基本精神。

武术文化中反映的民族基本精神，大致可归纳为以下几个方面：

一、武术中反映的刚健有为、入世进取的精神

孔子提倡刚健有为的精神，强调并实践其“发愤忘食，乐

以忘忧”的人生态度。《易传》进一步提出了“天行健，君子以自强不息”的口号。历代儒家士人，无不以“修身、齐家、治国、平天下”自勉，奋发有为，积极进取。在此基础上，又提倡“天下兴亡，匹夫有责”，“杀身成仁，舍生取义”的精神。葆有“气节”，从来是中华民族崇尚的人生价值准则。中国武术从来赞扬除暴安良、扶弱济贫的行为。专以惩恶扬善为己任，以高超武功作手段的侠客，更是中国人欣羡的对象，并成为古代中国社会的特殊社会角色，由此，更形成了世界文学史上所仅见的武侠文学。忧国忧民、匡扶正义，始终是中国武林行为的座右铭，并蔚为爱国主义的传统。武林爱国英雄，代不乏人。明代少林僧兵抗击倭寇的事迹，更为武林平添了一分荣光。

二、武术文化反映出的伦理型文化、重视人际关系的特殊人文精神

中国文化又被人称做伦理型文化，这种文化反对把人从社会人际关系中孤立抽象出来，强调人是社会的人，重视人与人关系的和谐和睦。武德观念正是在这一背景上产生的。“拳以德立，无德无拳”，“文以评心，武以观德”，武林重德，武德观念存在本身就证明了武术和中国文化犹重人际关系这一特殊人文精神的联系。在处理人际关系上，推行中庸之道，谦虚恭敬，重视和合，是儒家人伦的基本要求，是儒家思想核心“仁”的基本内容，也是武德的核心。由武德出发，武术技术、武术方法也因之有了不少限制。武林有所谓“八打八不打”的说法，《罗汉行功短打·序言》竟称点穴术是为了“不得不打”，但又“不致伤人”才创立。内家拳的“后发制人”，套路之所以产生，中国武术家各式各样的间接比武方法，可以说都和遵循人际关系和谐的宗旨，限制武术的暴力程度有关。

三、武术中反映出的中国文化排斥神学宗教体系的世俗

化精神

宗教是人类社会的一种普遍现象和文明的一种普遍文化形态。中国又是一个多宗教共存的国家。在整个中国历史上，在社会生活各个层面，在民族文化的其他文化形态中，宗教的影响或大或小，或深或浅，但始终是显而易见的。

然而一般而言，宗教的本质与武术的本质是截然对立的，成熟的，文明的，高素质的宗教的禁欲、原罪、非暴力等特征，与武术通常意义下的作为致伤、致残、致死的技术的特征，无论如何很难吻合与接近。中国宗教与中国武术的非同一般的结合，显然需要具备某种特殊的文化历史前提与条件。

孔子是不信神的，“子不语怪力乱神”，“敬鬼神而远之”。中国对血缘亲情，现实社会、身体、生命、人生的重视，始终超过了天国与彼岸的设计。孔孟儒学始终是社会思想的主流与正统，并作为统治阶级的统治思想，延续数千年。外儒内法、儒道互补，也始终没有突破这一以宗法和伦理为构架的社会文化模式，这就使得中国本土产生的以及外来的宗教，几乎无例外地显得非常世俗。要么始终未能出现高素质、成熟的宗教必然的天国福音的追求与设计，一如道教；要么一定程度上教律松动形成世俗化潮流，一如佛教。

正是由于这个原因，中国武术和中国宗教才可能发生如此深刻的影响与结合。毫无疑问，禅宗的世俗化，及少林寺作为禅宗祖庭的特殊地位，正是少林作为宗教组织，却能产生容忍武术乃至僧兵及种种武术行为的必须前提。宗教与武术的结合，其实恰恰反映了中国文化排斥神学宗教体系的世俗化精神。

四、武术中反映的“天人合一”的崇尚自然精神

著作《中国哲学大纲》的张岱年先生说：“中国哲学有一个

根本观念，即天人合一。认为天人本来合一。而人生最高理想，是自觉达到天人合一的境界。物我本属一体，内外原无判隔。”所谓天人合一，即指人与自然，人自我身心内外的高度和谐统一。气功之所以能与武术结合并形成武术内功，武术技击养生并重，武术练功，往往要求选择天时、地形、气候、季节、方向，都是基于人与自然同构，并可以与自然相通的认识。拳法模仿飞禽、走兽、昆虫、鱼类、图腾动物，寓意也在于此，即认为这些生命生灵为自然之精粹。象其形，取其意，当然也就获得了自然的精华，接近了自然的本质。

武术在中国武术家手中，不仅仅是技击术，同时也是修身养性，陶冶情操的手段与方法。如有的拳派练拳时或朝北，或朝南，一定要在子时等等，不见得有多么大的科学道理。采气之说，也不见得科学真实，但这些都不重要，它们也无非是在强调拳法师法自然，拳法合于道法，拳法通于大道。

五、武术中反映出来的重视血缘关系、血缘团体的宗法精神

古代中国社会结构的特点是宗法。宗法制是从氏族制下的血缘关系与祖先崇拜发展起来的。整个中国古代社会，“重本抑末”，“以农立国”的状况几乎没有什么改变，人民安土重迁，日出而作，日落而息，完全被束缚而依赖于土地。以土地为中心的人民，没有更多的选择，只可能以血缘纽带组合为群。农业经济的长期发达，应该说是造成中国社会长期没有脱离宗法轨迹的一个重要原因。

秦以后，宗法制度发生过一些变化，不再像殷周那样直接形成为国家的政治制度和政权组织，但宗法制的一些基本原则则几乎完整地留存下来。儒家“家国一体”的观念，是宗法制的反映，更是这种制度在思想领域的被论证肯定，宗法的网

络，伸展到中国社会的每一个角落。

作为置身于中国社会的武林，作为在这种历史文化背景中诞生的武术本身，便不可避免地深深打上了宗法的印迹。武术门派的形成，与宗法传统有着密切的关系。宗——门——家——派等名称，顾名思义，已足以说明宗法与武术的关系。所谓“正宗”，“名门”，“流派”，“嫡传”的极其讲究，无疑也是宗法习俗。武术承传的师徒制与武术神秘化的形成，亦都与宗法背景有关。

当然，武术文化形态所反映的民族文化的基本精神，是用具体的而不是抽象的，是用武术的而不是其他文化形态的方式表现的。

武术文化既是中国文化整体的有机组成部分，又自成完整体系，能全面贯彻、反映中国文化基本精神，这三点又是密不可分的。它只有既是母体文化的有机体，又自成完整体系，才可能全面贯彻、反映母体文化的基本精神。

第三节　武术文化形态的结构与层面

一、武术的本质、功能、形式与源起

谈武术的本质，必须首先弄清“武术”二字的含义。

《说文解字》沿袭《左传》的说法，释“武”字为“止戈为武”，这显然是后起的伦理意蕴上的曲解。而在殷商的甲骨文、周代的金文中，武字显然都是手执武器的形状。

然而光拿起武器还不够，仅此尚不足以使武术确立，一个不会武术的人或一只动物拿起武器，仍然与武术无关。武术之所以成为武术，重要的是还要有“术”。

“术”是什么呢？《说文解字》释为：“术，邑中道也。”段玉裁注云："引申为技艺。"道路是通达目的地的，技艺则是方法、技术之谓，都是手段，所以技艺也就被称为术。

甲文武字为：　　　　　　金文武字为：

综上所述，简言之，武术就是徒手或手执武器搏杀格斗的方法或技艺。可以说，这就是武术的本质，也就是武术文化形态和其他文化形态的不移的质的差异。这种本质，是从它诞生起就被规定了的。无论时间如何推移，无论有多少文明的、后起的渗透、依附、派生，武术的本质都是确立无疑、确定不移的，武术如真正发生了质的变化，武术也就不成其为武术了。

武术的本质确定了，那么武术的本质特征是什么呢？很明确，武术的本质特征是攻防。即用徒手的或器械的方式，用于搏杀格斗中的攻击与防守。攻防是怎么强调也不过分的武术的本质特征，是怎么强调也不过分的武术的灵魂与核心。

将武术的本质与功能混淆可能会造成一些混乱，这也就是武术界长期为武术是武还是舞争论不清的原因。功能可能很多是后起的，而且呈渐趋增长之势。但武术功能的增减并不意味着武术本质的变化。虽然武术有着表演的功能，但武术并不是戏曲文化；虽然武术也能强身健体、也有内功内容，但武术绝不是气功养生文化；虽然武术也能自娱娱他，但武术肯定不同于娱乐文化；虽然武术也能部分抽出用于竞技，但武术整体而言也绝对不是竞技运动。武术只是武术，武术文化形态依然故我为武术文化形态。

武术本质的确定性一同于其他文化形态的本质的确定性。医学的本质是治病救人，但医学也可用于美容，在坏人手里也可用来犯罪。这就是说医学在一定条件下又具备美容或杀人的功能。然而这并不等于医学的本质有了改变，医学的本质既不是美容也不是杀人，医学的本质只能是治病救人。

武术的形式是多种多样的。不管是按门派流派划分，按刀、枪、剑、棍、拳划分，还是按功法、套路、格斗划分，武术形式总是依武术的本质而展开、存在的。而武术的功能，并不直接依武术的本质展开、存在，而是依武术的形式展开、存在，是武术的种种形式，具有了种种的功能。所谓武术的体育健身功能、体育教育功能、自卫格斗功能、娱乐（自娱）功能、表演（娱他）功能、运动竞技功能等等，其实都是直接由武术形式而展开，依武术形式而存在，都是对武术形式的利用和依附。而武术的功能与武术本质的关系，则要间接得多，武术本质与武术形式，武术形式与武术功能的关系是不能脱节的，但武术本质与武术功能的关系却未必。例如：剑与剑法是武术形式，剑与剑法创制必须反映服务于武术本质。老太太玩剑，用来锻炼身体，则是利用了武术的体育健身功能。但老太太舞动的剑，却完全可以略去攻防，和武术本质不发生任何联系。

武术的本质特征是攻防，要形成攻防和完整的攻防技术，前提是要有双方，而且双方角色可以互换，也就是说双方都必须是人。双方都可以使用完全相同的手段和技术，双方都既可以攻，也可以防。武术攻防又是一种循环，也就是说精妙的防守，是对对手精妙的攻击的反应；而精妙的攻击，往往又是对对手精妙的防守的反应。攻——防，又攻——又防，再攻——再防，武术技术正是在互以人为对手，互以对手的技术为对象，“见招拆招”，才可能产生并发展为如此博大精深。人与人角色可以互换，但人与兽角色是不能互换的，野兽不可能使用与人同样的技术攻击防守。如果坚持说人兽角色可以互换，那实际上等于认为野兽也是智能生物，同样参与了一种文化——武术——的创造。

武术本质、形式、功能三者的关系，似可图示如下：

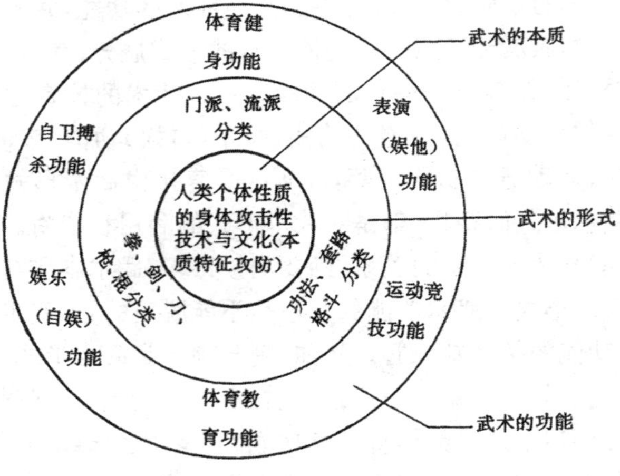

人狩猎活动产生的人捕杀野兽的技术是有的，但这种技术是单向的，因之肯定也非常简单，它不能和武术同日而语，它只是一种生产性技术，但它却为武术的产生奠定了一定的物质基础。

“物竞天择，适者生存”，是进化论揭示出的一条最重要的自然法则。然而这种生存竞争常被人误解为仅是不同种类间的竞争。事实上，这种生存竞争更大程度上是生物相同种类乃至近亲之间的竞争。武术的使用，主要就是为了这种竞争。

今天的武术已不再包括弓箭，但弓箭最早无疑是武术器械，射术无疑是武术技术。今天的武术剔除了弓箭，与弓箭作用被火器取代有关，与弓箭更适宜于战阵而不属于民间武术有关，但更重要的原因，应是弓箭射术不具备武术的攻防这一本质特征。射者的初射与被射者的防射，射者的再射与被射者的反射，射者的初射与再射，被射者的防射与反射等，并无一般武术格斗攻防那种有机的联系。又如，暗器是中国武术曾经具有的器械或内容，但暗器也逐渐在消亡。同样，这主要也不是它的使用价值消失的原因。暗器同射箭一样，也不具备武术的攻防的本质特征。而这两类遥击武器，倒的的确确是最早源于狩猎的。正因为弓箭与暗器的这一特殊性质，它们在武术的发展中不得不退出主流，甚至逐渐消失，不仅今天的武术运动员对弓箭暗器茫然无所知，即便是硕果仅存的民间老武术家，也往往对其知之甚少。

由发生学意义上对武术的研究是相当重要的。对武术源起、本质、功能的明确，将有助于我们在文明日渐发达，武术文化形态内容越来越丰富、复杂时，准确把握武术发展的方向，准确投入我们的努力。

二、武术文化形态的三个层面

借用近年来流行的“文化三层次”说，亦可将武术文化形态的结构分为“物器技术层”“制度习俗层”“心理价值层”三个层次。

“物器技术层”是物质文化层面，它是武术文化形态的表层结构，它主要包括武术技术、武术器械、武术练功器具、场馆、服装等内容。它表现和展开的，是一种人物关系。

“制度习俗层”是相对隐形的中间层，它主要包括武术组织方式、武术承传方式、武术教授方式、武术礼仪规范、武德内容、武术比赛方式等内涵。它表现和展开的，是一种人人关系。

“心理价值层”是最内层或最深层的武术文化形态结构层，它主要包括武术文化形态所反映体现的民族性格、民族心理、民族情感等内容。至于哲学意义上的价值之源、超越之源，中国文化追到了“天”，这个天并非西方文化中的彼岸的“上帝”“理念”，而只是自然。中国人认为天人合一，人与自然，所以这种超越实际上是一种“内在超越”，这种“内在超越”与西方文化的“外在超越”有着很大的不同。区别于西方文化的外在超越的“人神关系”，中国文化表现和展开的是内在超越的“人天关系”。无怪乎总有人说：人与自然的冥合，中国武术家终生孜孜以求的目标，是拳道的最高境界。

或许我们还可以用另一套术语来表示这三个层面。

道与理是核心层，礼与艺是中间层，技与术是外显层。

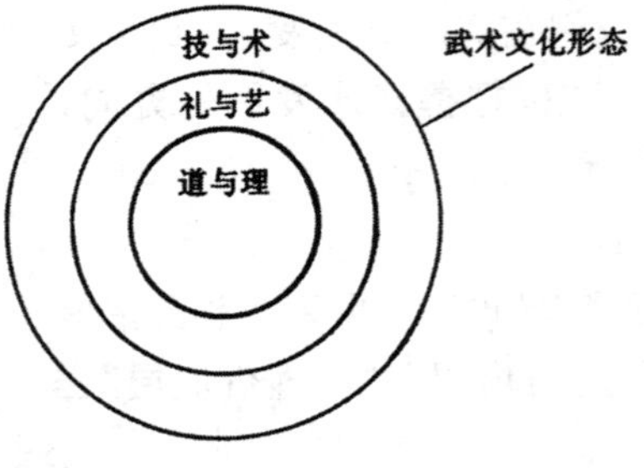

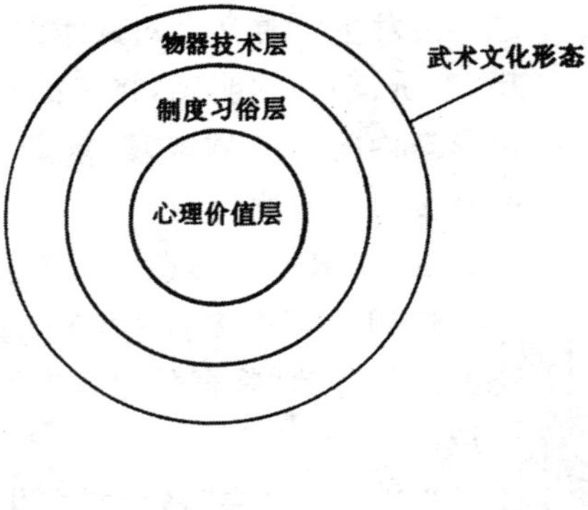

第四节　武术文化形态的形成发展

武术文化形态并非凭空产生的，也不是一开始就是今天的模样，它经历了漫长的形成发展时期。

一、武术文化萌芽形态——原始人的武术

最早的武术文化形态，作为一种文化来论定，尚是不纯粹的，它只能被称作"武术文化萌芽形态"，它是"原始人的武术"。武术文化萌芽形态期的武术，又可分为早期与晚期。早期的原始人尚处于从猿到人的转变过程中，早期的原始武术，应该是文化的武术技术与本能厮打攻击行为的混合。晚期的原始武术，又因为原始文化形态简单、单一的特点，因此与巫术、原始舞蹈等混杂不分。这从原始人的岩画，史籍记载的神话传说，以及仍处于社会发展较低阶段的近代、当代一些少数民族实际，得到了充分的证明。这一时期大致相当于旧石器时代与新石器时代。

二、武术文化初期形态——人的武术

这一时期武术的特点是，武术紧密与军事相伴随，随战争的扩大而发达，武术主要表现为军事技术。这种技术本身是比较粗糙的，仅以刀、枪、棍、拳搏等分门别类。先秦至唐代，剑术相对成熟，这主要和贵族佩剑、习剑有关。总体而言，这时的中国武术，和欧洲中世纪以前的主要表现为贵族武技和军事武技的搏击术，并未有什么大的不同，尚未以其质的特殊性，使自己与其他民族武技相区别开来。所以这一时期的武术文化形态，只能称作"武术文化初期形态"，或"人的武术"。这一时期，大致为夏朝至宋代。

三、武术文化完整形态——中国人的武术

这一时期,武术发展至它的成熟期,它以其宏大、系统、迥异于以往的面貌,宣布了“武术文化完备形态”的形成。武术文化完备形态具有中国文化的基本特征,并和世界其他民族武技文化形态根本上相区别,所以它又可以被称为“中国人的武术”。武术文化完备形态大致是在元明清时代形成。

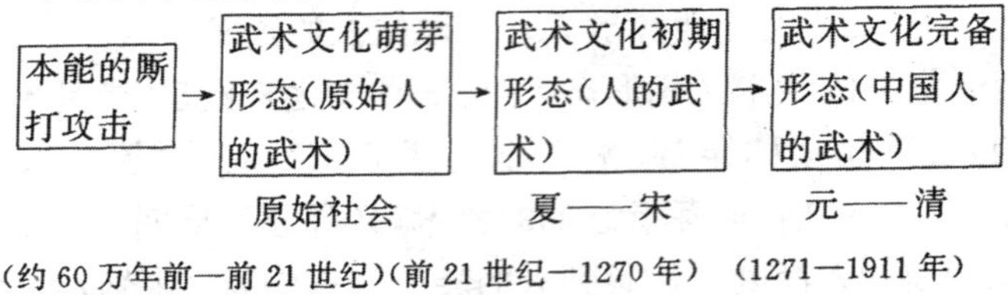

武术文化完备形态具有如下特征:

一、武术门派流派形成

拳种林立,门派众多是中国武术的一大特点。而这一特点正是在元明清时期形成的。中国武术几乎所有的门派流派,穷根溯源,追述师祖,实际上都开创于元明清时期。

对中国武术门派的分类和统计有不同的方法。有按“南派”“北派”“峨嵋派”分的;有按“黄河流域派”“长江流域派”“珠江流域派”分的;有按“内家”“外家”分的。每一流派的拳种则更多。1984年全国武术挖掘整理工作调查统计认为,目前全国凡“历史清楚,脉络有序,风格独特,自成体系”的拳种有128个以上。

二、武术内功的形成

武术与道教养生术的气功导引本来各自独立存在和发展着,长时期中并没有任何联系。明清时期特别是清代,兼习武术与气功在秘密结社组织中成为一个常见的现象。清乾隆时的清水教,教内便既“教拳勇”又“运气”。清水教内又分文场武场,文场习练气功,武场习练武术,“练气曰文弟子,拳棒曰武弟子”(戚学标《纪妖寇王伦始末》见《鹤泉抄》卷下)。后来的八卦教、天理教,都沿袭了这一传统。由于文武卦门、文武场的界限并不严格,二者兼习者便将二者结合起来。武术内功,终于在明清时期的秘密宗教结社组织的既习气功、又练武术的徒众们手中完成。

气功与武术,中国古代体育最完备的两大体系的汇合,是一个应该引起我们足够重视的现象。气功与武术结合形成武术内功。是中国武术文化完备形态完成的重要标志之一,也是使中国武术区别于世界其他武技的鲜明特征之一。

三、武术套路的形成

武术套路的渊源应该说最早可以追溯到远古,原始状态下的巫、武、舞合一的文化形态,便包含着武术套路的雏形。武舞的长期存在,应该说也为武术套路的形成,产生过相当的影响。宋代的“打套子”,可能便是更接近武术套路的一种表演形式。元代实行种族压迫,科举规模狭小,地位低落,大批汉民族知识分子仕进无路,沉沦于社会下层,因此走上了和民间艺人结合的道路,原来根本无法与诗文等文学形式比肩的水平很低的戏曲文艺形式,便兴盛繁茂起来。戏剧武打,便逐渐发展定型为符合其表现情节情感需要的程式化形式。元代杂剧的兴盛,对武术套路的出现,可能起了最后的、也是最重要的推动作用。

因此,从明代开始,武术套路正式出现。程宗猷《单刀法选》便提到:“以前刀法,着着皆是临敌实用,苟不以成路刀势,演习精熟,则持刀应用、进退、跳跃、环转之法不尽,犹恐临敌掣肘,故列成路刀法一图……以便演习者观览。”他的著作中,还详绘有刀、棍等套路演练步法线路图,是至今所见的最早的武术套路图谱。

武术套路的确凿出现与形成，是武术文化形态最终形成的重要标志之一。武术套路的存在，也是中国武术区别于其他民族武技的重要内容之一。

四、内家拳系统的出现

这里所提到的内家拳，是指不同于今已不传的王征南内家拳的形意、八卦、太极等拳类。

这些拳种虽风格不同，拳理各异，但有一个共同的特征，就是都直接用中国哲学理论阐释拳理，重视结合内练内养。所以这些拳又被称为“内功拳”“哲拳”“哲理化拳派”。虽然具体何人创拳众说纷纭，内家拳系统拳种都出现于明清两代，却是毫无疑问的。

说内家拳的出现是中国武术文化完备形态形成的标志之一，是因为形意、太极、八卦等拳种的拳理，更多地体现了中国文化中“阴阳相济”“崇阴法水”，崇尚自然等观念，以及更注重修身养性，并将之作为一种特殊的审美满足，更全面深刻地反映了中国文化的哲学内核等等原因。

武术文化完备形态的形成，标志着中国武术从此进入了一个灿烂的新的发展时期。

第五节　武术文化形态与中国文化其他文化形态的相互影响

泰勒在《原始文化》一书中阐述道：“所谓文化或文明乃是包括知识、信仰、艺术、道德、法律、习惯以及其他人类作为社会的成员而获得的种种的能力、习性在内的一种复合整体。”在这个复合整体之下的文化形态，也应该是多种多样的。与武术文化并列的，便应该包括诸如军事文化、宗教文化、养生文化、体育文化、艺术文化、婚丧文化、饮食文化等等不同的文化形态。

数千年来，武术文化与其他文化形态同是在一个自成体系的文化区域内存在、发展着，它们之间不可能不产生相互的影响与渗透。武术曾给予其他文化形态深刻的影响，反过来，这些文化形态也在武术文化形态中打下了它们的烙印。

这里仅举道教对武术的影响为例：

信仰素质的高低是衡量一种宗教成熟程度的标志之一。佛教、基督教等信仰素质极高的宗教都追求天国福音，有着与今天和生命截然断裂的理想所在，这就是天堂或彼岸世界。然而道教却没有规划出这样一个与人生与生命迥然有别的完全对立的未来世界、超凡世界。道教接受了先秦以来的神仙观念，相信人可能通过某种方法使生命无限延长，人可以修炼成一种特殊的神——即“仙人”，与天地齐寿，长生不死。信仰天国的宗教多产生于贫瘠的土地和恶劣的环境。过于留恋人生．只可能是留恋人生的富足奢靡，这种成仙的思想，应与古代发达与先进的农耕文明或复合型经济有关。从宗教的角度讲，仅此一项，便很难说道教是成熟的、单纯的、高素质的宗教，或许称其为“准宗教”倒更为恰当。宗教情感淡漠，世俗味道自然加重，不完全跪倒在祈神的土地上，肯定会思想着把握人类自己的命运。由此，道教便有了区别于其他宗教的一大积极的特色，即重视现实的、个体的人的生命存在，并由之产生了种种企图达到长寿不朽的修炼手段与养生方法。这些手段与方法中，气功是最主要的内容之一。

今人有将气功分为道家气功、佛家气功、儒家气功、医家气功者，其实，孟子讲“养气”，佛教讲“禅定”，都与气功有相当距离。仔细想来，讲究“杀身成仁，舍生取义”的儒家，认定

“生”即是罪恶的佛教，又如何会在长生不老上下这么大的功夫。中国古代的养生方法，绝大部分是在道教中诞生的。“气功”一词，最早即见于六朝隋唐的《中山玉匮服气经》《延陵君修养大略》等道教书籍。近两千年来，无数道教徒们怀着长生与成仙的愿望，孜孜不倦地探求，他们把阴阳、五行、八卦、太极以及中医经络脏象学说引入其理论，积累了正反两方面的大量实践经验，创立了包括内丹、内观、守静、存思、守一、服气、行气、胎息、导引、辟谷等方法的体系庞大，内容宏富的气功修炼体系。《道藏》内外数千卷中，气功专著及含气功内容者不下两千卷。官修史籍，诗家笔记中，还有大量有关道教徒气功修炼的记载。毫无疑问，中国古代包括气功在内的养生术，主要是在道教中产生出来的。而武术的内功及武术重视内炼内养的思想，也主要是来自道教文化的影响。

争论阴阳、八卦、五行、太极等究竟是创自儒家，还是创自道家或道教，其实没有太大的意义。事实上，中国特定地理环境与文化土壤中产生的特殊的哲学理论。中国历史上诸多学术流派与思想家，都对其产生与形成作出过贡献。作为哲学的一种本体论，认识论或方法论，不管是儒家还是道家，都会积极地将之纳入自己的理论体系中，而不会视而不见。然而，由于在中国文化中，所谓“上位层次文化”，即士大夫文化与所谓“下位层次文化”，即俗文化、民间文化的鲜明分野，儒家文化与武术文化大致分属这两种迥然不同的文化范围，儒家思想对武术的影响，便基本上局限于武德的范畴而未渗透为武术的深层理论。而道教在民间广泛流行、无孔不入，便因之有了影响主要也属于民间文化范畴的武术的更多的机会。可以这样说，阴阳、八卦、五行、太极等中国古代哲学理论成为中国武术的基本理论，也主要是在道教的影响下促成的。

在老子那里，母即是道，母神创世的自然性与道的自然性是相通的，一致的。老子与道家思想的本体论与方法论的基础，即在于此。“母神创世就其自身来说是无意志的、无为的，而就其作用来说又是无所不生，无所不为的，这个特性凝聚到老子道论中，就成为‘道常无为而无不为’的命题。道正是以其无意志无目的，才创生万物，成就万物，从而具有无限的功用。所以，道‘不自为大，故能成其大’。于是，‘无为而无不为’就成了老子方法论的准则、人生态度和社会理想的基本信条”（赵有声等著《生死·享乐·自由》第九页）。至于食母、守雌、好静、善下、无为、贵柔、崇阴、法水等法则，正是母神创生规律的具体的运用。老子讲“反者道之动，弱者道之用”，认为“天下莫柔弱于水，而攻坚强者莫之能胜，其无以易之。弱之胜强，柔之胜刚，天下莫不知，莫能行”（《老子》第七十八章），实际上也是母神创生规律之发展。

道家与道教有别，但这样的一些法则、方法或理论，又被道教完整继承或吸收。老子食母、守雌、好静、善下、无为、贵柔、崇阴、法水等法则与武术思想、武术方法结合，是随后在道教的推动下，在道教组织、准道教组织，道教徒、准道教徒那里完成的。

宗教文化形态对武术文化形态的影响是显而易见的。其他文化形态对武术文化形态的影响也同样是不容忽视的。

第六节　武术文化形态与世界其他民族武技文化、体育文化形态的相互影响

不同的文化模式、文化类型，在过去的数千年中，处于相

对封闭状态。但这种封闭的状态并不是绝对的，不同文化模式、类型的相互碰撞、交流，在历史上可以说从来也没有完全中断过。中国文化与其他民族文化，武术文化形态与世界其他民族武技文化形态在历史上的相互影响，是显而易见的。

唐豪曾考证，汉代刀制与刀剑之法传入日本，对后来日本的剑制与剑术的形成发展，起了至关重要的作用。

日本柔道据传源自中国。明末人陈元赟，东渡日本，居于国内寺。同居该寺的日本人福野正胜、三浦义辰、矶贝次郎对他非常尊重。陈元赟告诉他们："大明有捕人之术。我虽不甚精通，但大略知其法。"这三人便跟随陈元赟系统学习这种捕人之术，实即中国武术。后来他们各奔前程，各树一帜，柔道的前身柔术便在日本传播开来。至今，东京日本柔术流派起倒流拳法碑上还明文刻着"拳法之有传也，自投化明人陈元赟始"。

据近年来的专家学者考证，日本空手道亦源自中国，其中一些流派则明确源于南拳的某些流派。宗道臣在中国的少林寺学得少林拳，回日本后则创立了少林寺拳法联盟，广泛传授少林寺拳法。

东南亚不少国家的武技，都可以在历史上或技术上发现中国武术的影响，甚至都可以被视为中国武术的文化延伸。

外国武技对中国武术的影响也是显而易见的。

明清军事家都惊叹倭刀的威力。戚继光《纪效新书》、程宗猷《单刀法选》、何良臣《阵纪》，以及《三才图会》《筹海图志》《上海县志》等书，均有称赞倭刀精良及倭刀刀法精妙的记述。程宗猷为习学日本刀法，访求"得倭之真传"的刘云峰，他自称刘"不吝授余，尽得壶奥"。随后，程氏更将所习日本刀法整理为三十四势，一一命名，并在其著作中以文字和插图详加介绍。据有关资料统计，明代十一次勘合贸易船共输入日本刀二十万把。这显然表明，日本刀、日本刀术在中国不仅大受欢迎，而且日本刀已大量用来正式装备军队。

武术在近代的重新为世人注目，始于霍元甲精武会的创立，以及马良倡导的“新武术”运动。力倡武术的一批有志之士，在近代相当长的一段时间中，借鉴拳击等西方体育的方式，对武术传统进行了一定程度的改造，并取得了不小的成果。

在西方文化之风东渐与西方体育大潮滚滚而来的影响下，近代武术发生了以下变化：

一、武术组织的变化

旧有的武术组织如镖局、武馆武棚、秘密结社等要么功利色彩太浓，要么迷信色彩太重。血缘宗法，是维系其存在的纽带。这样的组织，很难说是体育组织，也妨碍了武术体育功能的推进发挥。近代出现的体育团体，已完成或正在向近代体育组织的过渡。精武会和中央国术馆等，已完全不同于旧的武术组织形式。如精武会，其宗旨是：“不争门户短长，提倡武术，研究体育，铸造强毅之国民。”其机构是：“由会员大会产生参事会，由参事会产生董事及正副会长，再互选各科职员。参事会分设总务、经济、武术、文事、交际、音乐、游艺七科”（《第一次中国教育年鉴》丙编）。中央国术馆“以提倡中国武术，增进全民健康为宗旨”。国民政府拨款。馆内设教务处、编审处、总务处等机构。并形成中央国术馆——省国术馆——县国术馆——区国术馆的系统。中央国术馆的任务是：“一、研究中国武术与体育；二、教授中国武术与体育；三、编著关于国术及其他武术之图书；四、管理全国国术事宜。”（引文出处同上）

二、武术教授方式的变化

师徒相授，是武术固有的承传方式。“一日为师，终身为父”；“事师如父，执役如仆”，这种带有宗法性质的师徒关系，不仅与近代社会变化不相适应，也影响了武术的普及与提高。因此，对这种授受关系的改造，就成了武术改造中的一个内容。其改造方向，是将师徒授受改为学校教育。

1915 年，全国教育联合会通过提案，将武术列为体操科。“吾国旧有武术，得加入学校课程，亦自此始”（伊见思《北京体育学校之组织》见《体育丛刊》创刊号）。1920 年批准成立的北京体育学校，武术与体操、童子军、田径、柔道共列为术科科目。（引文出处同上）在北京师范大学体育系体育科和体育专修科 1918—1919 的“周年概况报告书”（课程表）上，拳术、摔跤也与教育心理、英文、国文、生理学、体操等，作为学生的主要课程排出。（《教育公报》十年八期）1931 年由张之江创设的中央国术体育专科学校，是一所武术专科学校。然从其行政组织，系科设置，教员成分，课程内容等看，它已是一所纯粹的近代学校。

三、比赛方式的变化

旧有的武术比赛方式不外乎私下比武和打擂台两种形式。而这两种形式都没有严格的规则，与近代体育比赛因而迥然有别。

马良倡导的新武术，共有摔跤、拳脚、棍术、剑术四种，已有将武术中可用于竞技的成分提炼出来的含义。1933 年的旧第五届全国运动会，散手、长兵、短兵、摔跤、套路等被列为大会表演项目，这是武术首次进入综合性的大型运动会。1935 年旧第六届全国运动会，拳术、器械、摔跤、射箭、弹丸、举重等，被列为大会的正式比赛项目。

在近代以来开始出现的武术的种种变化中，西方体育、西方武技文化的影响显而易见。这种影响，至今仍在发生，竞技套路比赛受体操的影响，众所周知。今天开展的散手运动，不管是技术还是竞赛方式上，西方拳击和泰拳的影响，都非常明显。

由于武术是一种传统体育项目，而近代以来它又在逐渐被纳入竞技运动的轨道，所以中国武术文化形态，或者说中国武术理论体系明显地具有双轨制的特点。图示如下：

- 武术一般原理
  - 阴阳太极八卦学说等
  - 现代实验科学学说
- 武术承传制度
  - 现代学校制
  - 传统师徒制
- 武术竞赛制度
  - 竞技运动会方式
  - 传统比武、打擂方式
- 武术训练方法
  - 现代竞技项目训练方法
  - 传统武术训练方法
- 武术组织形式
  - 现代竞技运动队
  - 军队、结社组织、武馆、镖局等
- 武术道德
  - 现代道德
  - 传统道德

中国武术理论体系或武术文化形态的现今的双轨制，是由于东方、西方两个体育大系统，乃至东方、西方两种文化的碰撞造成的。双轨的冲突，实际上是文化的冲突；双轨的融合，实际上是文化的融合；双轨的复杂，实际上是文化的复杂，文化交流的复杂。说到底，武术能否进行所谓“现代化转型”，武术能在多大程度上竞技运动化等问题，都是由这种碰撞而引发的。所以，由这个意义上讲，中国武术文化形态、中国武术理论体系的研究，又是一种文化研究，一种文化比较、文化冲突与融合状况的研究。

文化能够融合，但不是所有的文化都能够融合，不是文化的所有部分都能融合，不是在现阶段说融合就可以融合。它有待于两种文化相互认识的程度，有待于两种文化相互需要的契机。所以，可以预言，中国武术文化形态或中国武术理论体系的双轨制特征，将在相当长的时间内存在。

第七节　中国文化、中国武术文化在世界文化中的地位

鲁斯·本尼迪克特说过："各种文化只是突出了不同个性的各个侧面，每一文化都仅仅突出了广大无边的人类潜在能力的某一部分。"任何成熟的、发达的文明之间，是无所谓优劣的，它们比较所显示的，往往只是民族生态环境和文化环境造成的选择上的差异。如不仅仅以工业化、科学化而以文明整体标准——包括文学、艺术、哲学、价值等为坐标系；更多地从历史发展长河，而不是容易导致我们敏感偏差的某一时看问题，那就应当承认：东方文化与西方文化，同为先进发达的人类文化。东方体育与西方体育，东方武术与西方武技，同样如此。硬要区分出中国文化与西方文化；中国体育与西方体育；中国武术与西方武技的优劣，是非常荒唐的。甚至许多西方著名历史学家、人类学家也论述过，在历史上曾出现过的文化类型，都曾达到过一个繁盛的顶峰，有过一个最灿烂辉煌的时期

中国武术是一种静态形的，也即封闭型的武术。它和中国传统文化的封闭特征是一致的。封闭型文化产生于封闭的人

文与自然环境，即大海、喜马拉雅山、西伯利亚的荒漠草原和中国古代的宗法血缘社会的隔绝与互相隔绝。然而世界进入了近代，高山汪洋不再是交通不可逾越的屏障，业缘代替了血缘，人心与陆地在缩短距离，中国的大门在逐渐被打开，封闭型文化仿佛已失去了封闭的社会自然基础。失去了基础的文化是否还能继续生存下去？这就是包括中国武术在内的中国传统文化面临挑战和感觉到危机的真实原因。足球大赛看台上人山人海，然而过去门庭若市的著名武术家那里门可罗雀。这和如潮的小男女痴迷于摇滚歌星，而传统戏剧却大受人们冷落如出一辙。封闭的状态被开放的状态所替代，而封闭的文化却未必要被开放的文化所取代。东方文明文化，中国文明文化正在度过一段艰难的时光，但可能已经度过了最艰难的时光。它的自信与力量正在恢复。而西方文明文化在一个强劲的冲刺后，似乎已经放慢了思想的步伐而开始了反顾反思。人类只有一个地球，而相对而言，地球又是封闭的，封闭型文化的个别形态可能会消失，但封闭型文化提供的一种生存样态，它的整体原则和方式，永远不会过时。中国武术中，最具静态——封闭型文化特征的舒缓圆柔的太极拳，在日本、欧美等发达国家中反而最受欢迎，就是一个有力的证明。现代生活、现代节奏使人身心太紧张、太疲惫，人是开放的，又是封闭的，人也需要安谧和另一种旋律。

人类在前进，文化要发展，西方文化、中国文化都将不是一成不变的。有人预言，从现在开始，一种新的文化——世界文化——正在形成。世界文化不仅仅是承续某一种文化而来，它应是多种文化整体的产物，是包括世界所有先进、成熟的文明文化的集合体。工业文明造成的西方中心不会是永久不变的现象。在世界民族大致齐头并进时，无限征服自然的势头，将肯定要在一定程度上被遏止。而同样以征服——破纪录为特征的奥林匹克竞技运动，将让出本应属于东方体育系统的一半位置。人与人，人与自然的和谐，将成为世界体育的下一个重要目标。因此，成为世界文化，并不是摒弃自我而去完全靠拢和简单进入西方文化，民族的劣根应该摒弃，而精华却应弘扬与坚持，因为这弘扬与坚持的，正是世界文化的一部分。坚持中国武术和民族体育，也正是坚持世界文化的一部分。

第二章　武术与中国哲学

作为人对整个世界认识的根本观点的哲学，是一个民族文化的核心。完全植根于中华文明土壤，并已成为中国文化大系统之下的一个完备文化形态的武术，必然包含东方哲学思想的深蕴，并以之作主干和方向来构筑自己的理论基础。显然，只有对武术的哲学渊源有深刻的认识，才有可能对武术有深刻的认识，并从根本上把握它的文化特征。

第一节　天人合一观

天人合一是中国哲学的一个基本观点。张岱年先生说："中国哲学有一个基本观点，即天人合一，认为天人本来合一，而人生最高理想是自觉地达到天人合一之境界，物我本属一体，内外原无判隔。"台湾学者钱穆认为"中国文化特质，可以'一天人，合内外'六字尽之"。天人合一的观点表现了它从总体上观察事物的思想，这种思想充分体现了华夏民族的文化特色与思维模式。

一、泛和谐价值观

天人合一追求的终极目标是宇宙、自然、人、物的和谐统一。以和谐为价值取向的观念贯穿于武术的思维模式与实践规范之中。武术的独特的价值取向是和谐，全面实现武术技击、养生、修性等多方面的功能的方法是和谐，衡量这诸多功能的总体价值尺度是和谐，其所追求的终极目标，仍是和谐。

和谐成就了武术特殊的美，构成了武术发展的根基。

武术视人体身心和谐为真，人际和谐为善，天人和谐为美。个体的身心和谐是武术最根本的特征。武术视人体生命为一大系统，心与身是统一的，“心者身之主”而心不离身，“身者心之躯”而身不离心，将人作为一个整体来看待和锻炼。

所谓形神统一，实即人心身内外的统一，心身内外的和谐。形神，就人体而言，形指形体，亦即身体，包括躯干四肢，筋骨皮等，神指精神、意识、思维活动；就其行为而言，神指心、意、胆等无形的心理品质，形指手、眼、身、法、步等有形的动作特征。形是外在的、具体的运动形式，神指内在的、心理的、精神的内容。内与外、形与神是相互联系、相互制约、相互统一的整体。中国武术形神观等源于中国哲学和中医学的形神统一观。早在先秦时期《管子·内业》中就提出“天出其精，地出其形，合此以为人”的形神论。荀子提出“形具而神生”的命题，肯定了神对形的依赖作用，形是神的物质基础。汉代《黄帝内经》从医学的角度提出：“心者，君主之官也，神明出焉。”所以，“心伤神去，神去则死也”，而“能形与神俱，而尽终其天年，度百岁乃去”。古代医学很早就用形神统一论来认识人体的健康。形神统一是生命存在的重要保证。神依附于形而存在，形盛则神旺，形衰则神衰，而神的昌盛与否，也直接影响形的盛衰存在。只有形神共养，形体和精神协调平衡，才能共同维持机体的生命活动，益寿延年。正是在此基础上，武术理论提出了“形神兼修”的练功原则，通过徒手和借助器械的身体运动来练形养神，达到强健体魄的目的。

长拳以“手眼身法步精神气力功”为八法；太极拳主“身心合修”，讲究“以心行气”，“以气运身”；形意拳把“练精化气，练气化神，练神还虚”归为形意拳之三层道路，把“易筋、易骨、洗髓”作为三步功夫；苌家拳讲究“内外功用”，“以其外而达于内”，“形以寓气，气以催形，形合者气利”，(《苌氏武技书》卷二)；南拳“以形为拳，以意为神”；称之为外功拳的少林拳，也讲究“内外并修”“而技乃神”。虽然从表面上看，所谓内家拳更注重使气、练意，具有内聚性形态，外家拳更注重外，即形体的锻炼，具有外聚性形态，但各家各派都注重形体与精神的统一，把人作为一个整体训练，以外练形体，内练精气神为训练对象。练意、练气、练力，是武术练功的三要素。

武术是人体的运动，动以养形，外练以养形为先。所谓外练，不仅包括人体骨骼肌肉关节的锻炼，也包括由肢体完成的动作的形。武术讲究形体规范，入门以练形“盘架子”为主。长拳的弓、马、仆、虚、歇五种步型，形意拳之“三体式”，少林拳之“马步桩”，传统的桩功、腰功、腿功、臂功等四大功法，都是武术最常见的基本功。通过外形的锻炼，不仅使动作规范，更重要的是人体骨骼肌肉系统也得到了锻炼。

以其外而达于内，动的作用在于通，动，促使人体内精气流通，气血旺盛。武术训练常强调精气神。精气神被称为人体三宝。精是构成人体的基本物质，也是人体各种机能流动的物质基础；气是人体基本物质的转化运动形态，是维持生命活动的一切功能和能量形式；神是人的精神意识思维活动以及脏腑、精气、血液、津液的外在表现。正因为精气神具有人体生命的物质基础、功能动力、精神主宰三方面至关重要的作用，故“善养生者，必宝其精，精盈则气盛，气盛则神全，神全则身健”。(张景岳《类经》)古代练功家正是根据这种理论，总结出练养精气神的方法。

中国武术非常重视心、神、意的主导作用，打拳是“先在心，后在身”。武术又是心灵的哲学，通过心灵的觉悟，实现自然的呈现。完成身心和谐，超越自我，达到“天人合一”境界，追求个体身心的和谐是武术最根本性的特征。

天人和谐是古典哲学“天人合一”本体论的体现，也是武术中重要的养练观，“天人和谐”——宇宙自然与自身的统一，物我统一，也是武术思想认识和方法论的根本观点之一和武术养炼功法的核心之一。所谓天，主要包括宇宙、天地、万物和大自然。庄子说：“天地与我共生，万物与我为一。”（《庄子·齐物论》）主张纯任自然，与天地合一，中国武术在长期实践中也总结出，作为武术运动对象的主体——人体自身与宇宙自然的客体，二者有着内在的紧密联系，人是自然的一部分，受自然法则的制约，并遵循同样的运动变化规律。武术是人体的运动，人体自身的运动与宇宙自然的运动，二者有着内在的紧密关系。要达到武术的目的，必须达到宇宙自然的统一与一致。

《拳意述真》中说：“因为人一小天地，无不与天地之理相结合”，“拳为小道，而太极大道存焉”（陈鑫《陈氏太极拳图说》）。拳为道，道寓于拳之中。探求宇宙根本即是探求自己。拳家自己为一个小宇宙，是大宇宙系统中的一个因子，只有并入大宇宙的运行图式中，顺乎自然规律，才能无往而不胜，并获得永恒的存在。拳家定刚、柔、动、静、虚、实、开、合等为运动规律，以人体的身心为建筑材料，以攻防动作为结构而构成的运动语汇——拳，来探求世界之究竟，在物我交融的拳术运动中，追求人体自我身心内外的和谐、统一，人与自然的和谐统一。武术传统理论中常由静而动，继而运动结束的运动形式，用无极、太极，两仪……以至复归于无极的理论来解释。古人示未分阴阳之茫茫宇宙为无极，体现在拳上，即是拳势未始之时，抱元守一。浑然无物之中，始孕育着阴阳变化，拳势动阴阳产生。自然界的变化规律，即是拳道的变化规律。正如陈鑫所说："拳名太极，实无极自然之运行，阴阳自然之开合也。"顺乎自然便成为武术的主要原则。

武术传统练功十分重视按自然界四季和人体机能的变化，采用不同的方法，来达到相应的练功目的。自然界的一切变化，必然直接或间接影响人体生理机能的变化。只有顺应四时气候变化，主观顺应客观，才能提高锻炼效果，达到"练之以筑其基，清虚其体"的目的。

《八卦拳学·八卦拳神化之功借天地之气候形式法》指出：练功者"须择天时、地利、气候、方向而练之"。《少林拳法大要·拳法练习之程序》说："每日早起练拳法之先，必面向东方。"流行于广东的"少林八卦五行功"，根据不同的季节和人体内五脏的变化，分别进行卧功、坐功、站功、走功的各种练习，秋季主练脾胃功，使之有助于肝；冬季主练肺功，使之有助于肾；春季主练肝，使之有助于心；夏季主练心，使之有助于脾胃。中医以五行属性概括人体各部分联系和人与自然的关系，针对自然环境的"五味、五色、五气、五方、五时"，针对人体的"五脏、五官、五体、五志"等概念，均与金、木、水、火、土五行相配，并衍生出其间相生相克，相互对应的原则。有些武术练功也按这些原则设计和安排。五行拳练功理论有："五行者，金木水火土之谓也，如人之内有五脏，外有五官，皆以五行相配合。心属火，脾属土，肺属金，肾属水，胃属木"，以金木水火土配人体之五脏心、肝、脾、肺、胃，说明练功对内脏器官的影响。春、夏、长夏、秋、冬等季节来配合五行，要求练功按季节进行训练。另外，人体头、手、身腰、外形，拳行东、西、南、北、中方位，也皆与五行相配。

"天人合一"的观念还包括人与人，人与社会和谐的内容。

在武术中表现出追求“人际和谐”的价值取向，注意人与人之间的和谐，提倡武德，处理人际关系时强调宽厚、容忍。武术各家各派还制定出一套严格的尊师重道、“扬善惩恶”的戒约规范，如：“未曾学艺先学礼，未曾习武先学德”“学拳以德行为先”“以涵养为本”“善修其身，善正其心，善慎其行，善守其德”，强调习武要“仁爱”“守礼”“忠诚”“信义”“谦让”“宽厚”，以求人际和谐。

以和谐为价值取向的思想，渗透于整体武术文化体系之中，主要表现于武术的“身心和谐”“天人和谐”“人际和谐”。并贯穿于武术技法形态中的动静、刚柔、虚实、开合等一系列范畴及体现于武术竞技意识上的超越与礼让，形与神统一等等。和谐是天人合一观念构筑的终极目标，并贯穿于整个武术体系。

二、寓自然之形、自然之变于拳法之中

自然就是宇宙世界和天地万物的生化演变规律。道法自然，武术在这一法则指导下，主张师万物，法天地，从大自然的生化衍变现象中获得灵感和启迪。武术取各种飞禽走兽的形象、动作、攻防意蕴，融入拳术的技势之中。如大鹏展翅，白鹤亮翅，金鸡独立，燕子抄水，青龙出水，黑虎伸腰，金豹露爪，野马分鬃，玉女穿梭等拳术术语，格物取意，追求崇拜物之神采，当然是天人合一思想的显现。

武术中的拳术，如形意龙、虎、猴、马、鼍、鸡、鹞、燕、蛇、鹰、骀、熊等十二形即是以“形物之形，悟物之意”，结合武术技法而成拳。少林拳的龙、虎、豹、蛇、鹤五拳，据《少林内功秘传》记载，“五拳者，即可练精、力、气、骨、神之法也，故创五式，使内外并修而达于化境也”“龙拳练神，虎拳练骨，豹拳练力，蛇拳练气，鹤拳练精，上述五拳，如能练至精纯之境，则精固、力强、气聚、骨坚、神凝，五者相合，互为融化，为用之妙”。南拳中的鹤拳、虎拳以及武术其他象形拳械如猴拳、螳螂拳、鹰爪拳、蛇拳等均是模仿自然界动物的形态，结合武术技法而成拳。这种融自然物为一体的拳术，是天人合一最形象的身体表征，是人对自然美的形态模仿。表现生命，表现自然，实际上是崇尚生命，崇尚自然，是求得自然与人的共鸣和统一。拳家由对自然形态特征的领悟，又把圆、空等运动形态，融入武术运动之中。《峨眉十二庄·天地庄合诀》中说：“象天法地，圆空法合，大小开合，唯妙于心。”圆空是大自然天地的基本特征，也是动功的最佳方式与境界，圆则灵活多变，空则轻灵无滞，圆空则能活泼自如，循环无端，变化无穷，故不少拳技以圆空为基本架式和方法，太极拳动作呈弧形，八卦掌以圆为法，南拳中的圈桥等，众多的拳法流派追求整体圆融，式正招圆。圆与空的观念采自对天地自然的领悟，拳法不仅寓自然之形于拳法之中，而且悟自然之变化规律用于拳法之中。

宇宙间一切事物都在不断变化运动之中。拳家们悟宇宙自然变化规律而用于拳法，以阴阳、八卦、五行之变来喻比相配武术运动之变，而产生出刚柔、动静、虚实、进退、开合、往返折叠，闪展腾挪等概念和方法。

太极者无极而生，阴阳之母也。动之则分，静之则合，其动作绵绵不断，行若流水。这种运动不已，气化流行的过程，是太极拳、也是宇宙自然运行规律。八卦掌以《周易》八卦说为拳理。八卦以乾、坤、坎、离、震、艮、巽、兑代表天、地、水、火、雷、山、风、泽八种自然现象，又以两卦相叠而为六十四卦，以象征自然现象的发展变化。武术的八卦掌便以八卦与八种基本掌相配，以代表推、托、带、掳、搬、扣、劈、进八劲。又用一掌变八掌，八八六十四掌配六十四卦，来说明拳法的变化无穷。形意拳劈、崩、钻、炮、横五拳与自然界的五种属性金、木、水、火、土五行相配，并以五行相生相克的自然变化规律来说明拳法变化。少林秘典《罗汉行功全谱》序言写道："且夫行功短打，其道亦非鲜者，以乾坤变以离坎，即济未济，天地空位，水火相射，山泽通气，雷风相薄，……悉会于行功短打之内。"悉自然之变而寓于拳理中，以山川风雷自然之变作为拳道之变，从而体现了"道法自然"的天人合一观。

第二节　太极哲理

太极哲理发端于《易》，中经道教内丹养生家陈抟等人的研究与发展，融贯儒、道、释三家精义而形成无极图说，后复由宋、明理学家周敦颐等人继承推演，成为当时的新儒家用以阐明理学奥秘的太极图说。太极图及太极哲理对武术文化有着极深的影响。

一、太极、太极图与太极哲理

欲说易理，首当太极。太极是指派生万物的本原。"易有太极，是生两仪"，并且确认一生成二，生成两仪，即阴与阳。对《系辞》"太极"，郑玄注云："气象未分之时，天地之始也。"唐代孔颖达解释说："太极谓天地未分之前，元气混而为一，即是太初，太一也。"北宋张载对"太极"作了较唯物的解释，认为《易》之"极"是物质性的"气"，他说："一物两体，其太极之谓与？"（《正蒙·大易》）两体就是阴阳气。

绘有太极图的宋周敦颐所著《太极图说》这样解释道：

"无极而太极，太极动而生阳。动极而静，静而生阴。静极复动，一动一静互为其根。""无极而太极"不是说无极生太极，因为任何事物不可能无中生有，而是说在无极之中有一个昭然不昧之本体。无极也是物质的本性，无极而太极、而阴阳是宇宙演化过程的朴素描述。太极拳预备式，有的也称无极，由此而分阴阳，很能形象地说明问题。

太极本含深义，太者大也，高也，无上之称，无上之先则始也。极者无极，极尽而生有，太极孕两极生化，寓必然于绝对之中。太极而生阴阳，绝对之相对；阴阳而太极，相对之绝对。

“是生两仪”又是怎么一回事呢？太极静为本，动未萌，孕而未化，混沌未判，一气氤氲。然静本阴象，阴久必凝，凝久必形，形生则体就，形气相得，两仪成之，此为太极生两仪之道。

“两仪生四象，四象生八卦”。邵子曰“阴根于阳，阳根于阴，阴阳相合，万物化生”。

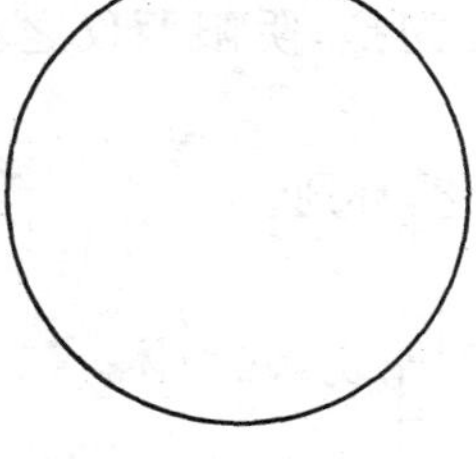

无极图

太极图

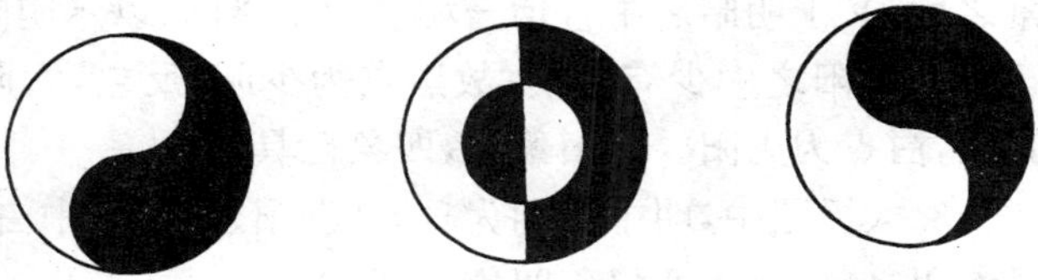

两仪图

无极者在太极之先，无可为象，邵子曰："是以开物者为先天，成物者为后天，无极而太极者先天，太极而阴阳者后天。"

太极者浑然一气，孕两仪而未分，其含义为：

1. 两仪者后天之阴阳，乃包孕天地之太极，由一而二，《老子》云："道生一，一生二。"故两仪圈以外圆象其一。圆中明暗各半，此即一而二，二而一之道。圆中用圆曲之线分明暗，由回互成头尾，头尖尾圆，象其始经，头圆尾尖，象其流向。

2. 两仪合于一圆，示阴阳互根的对立统一性，也示发展过程始终与依归。

3. 用曲线分明暗，一以示阴阳有盛衰，各具盈亏；二以明两仪互相进退互为消长；三以象二气相交而鼓荡、运动，竞急争侵。

4. 明暗回互相抱，以示阴阳之扭抱，阴阳两仪之相引相吸，不可分离。

5. 头尾相衔，以示阴阳互为生化，环通。

6. 头尾分端有定向。

7. 黑白等同，以示阴阳两仪相对平衡，此为体。二气相争是绝对的，更相损益，此其为用。

四象又是怎么回事呢？

1. 两仪攸分，四象蕴焉。化变由是而生。太极图于两仪分割之后，又于明暗之中各增一相反的明暗图，以示阴阳分化。

2. 太阳之中少有其阴，故黑点为少阴；反之，太阴中少有其阳，白点为少阳。阴阳肇化，四象已具。

3. 太极图中，明中暗圈为日，日者阳之象，暗中白圈为月，月者阴之象，此为两仪蕴四象之理。

完整的太极图即四象图。太极图是最完美地、完整地、形象地阐明阴阳学说的图示和符号。它至少包含如下阴阳学说的内容：

四象图

①世界事物总由对立面的双方组成。即由阴阳组成。

②世界事物是一个整体，即阴阳双方共存于一体，组成为一体。

③世界事物，阴阳双方，是相互依存的，双方都以对方的存在为自己存在的前提。

④对立的事物，阴阳双方是均衡的，总体而言并不存在大小、强弱、多寡之分。

⑤对立事物各自内部，阴阳双方内部，都蕴含着对立面的因素或萌芽。

⑥对立事物，状态双方，阴阳两方面，都有盛有衰。

⑦一方弱时另一方强，一方长时另一方消。

⑧事物强大到极点时，自身的虚弱也就在产生中了；事物弱小到极点时，自身的强大也就在产生中了。

太极哲理在武术中有着充分运用，上述内容，均被武术用来构筑成自己的理论。以攻防为例：

运用上①原则，武术理论认为拳法总是由攻防动作组成，搏击总是由攻防双方组成。

运用上②原则，武术理论认为攻防是组成拳法的基础因素，攻防动作存于拳法之内。

运用上③原则，武术理论认为攻防相互依存，无攻何来防，无防攻亦不存在。

运用上④原则，武术理论认为总体上攻防双方，攻防两势并无大小、强弱、高下之分。

运用上⑤原则，武术理论认为防中亦有攻，攻中亦有防。

运用上⑥原则，武术理论认为防有有利时，有不利时，攻亦有有利时，有不利时。

运用上⑦原则，攻防双方，一方占上风时，一方占下风。

运用上⑧原则，武术理论认为，一方即便尽占上风，咄咄逼人，招数使尽，可能破绽已出现了，败机已出现了；另一方处于下风，谨慎防守，试探对手，蓄势待发，可能胜利已在向他招手，或胜利的基础已奠定。

二、武术中的阴阳范畴及其运动变化法则

“阴阳对立统一”，是中国古典哲学最基本的思想。中国古典哲学认为：宇宙间一切事物都存在着阴阳两个方面，一切事物的变化，无不是相互对应的阴与阳的相互作用的结果。所以《易经·系辞》说：“一阴一阳之谓道。”

较早使用阴阳思想描述技击制胜之道的是庄子，他说：“且以巧斗力者，始乎阳，常卒于阴，大至多奇巧。”以后历代武术家在撰写著作中，都提到过阴阳。清代以后，阴阳哲学范畴在武术理论中才逐渐深刻和系统化。

一般说来，凡属器质性的、抑制的、寒性的、虚性的、沉静的、隐晦的、无形的、内里的、向下的，均属阴；一切功能的、兴奋的、热性的、实性的、浮动的、明显的、有形的、外来的、向上的，均属阳。以此类推，武术阴阳范畴衍生了一系列对应的概念。动静、攻防、刚柔、虚实、开合、进退、屈伸等等，这一系列阴阳矛盾变化的原理，被运用于武术运动之中。王宗岳《太极拳论》开首就指出太极是以“动静之机，阴阳之母，动之则分，静之则合”的变化为基础。练太极拳的关键在于领会阴阳、动静、开合等变化。阴阳开合，是尽拳术之妙。

《内经》认为：“人生有形，不离阴阳。”中医学常用阴阳学说来解释人体结构。如人体上部属阳，下部属阴；体表属阳，体内属阴；四肢外侧属阳，内侧属阴等。武术在人体观上，受中医阴阳哲学观念的启迪，人体部位也划分阴阳之属。《形意五行拳图说·形意拳两仪》便说：“肩，阳也，胯，阴也，肩与胯须相合，即阴阳相合也；手，阳也，足，阴也，手与足须相合，即阴阳相合也。”“掌心向下者为阴，向上者为阳。”

以运动状态来划分：“出手为阳，收手为阴”（《少林棍法阐宗·总论》）；“伸，阳也，缩，阴也”，“起，阳也，落，阴也，伸缩自然，起落合度，亦阴阳相合之谓也”（《形意五行拳图说》）。开是阳，合是阴，开即伸展，放大，合为缩小，收敛，“阴阳开合，是尽拳术之妙”。

从运动属性来讲：“攻为阳，守为阴 ”（《峨眉枪法·攻守篇》）。由于攻是主动进击对方，守是被动抵御对方进攻，所以攻为阳，守为阴。刚与柔亦属阴阳范畴，集全身的力量于一点，发劲有爆发力，称为阳，而柔化之力则是阴。虚实中亦有阴阳。何谓虚实，从意念上说，如意念集中于右手，则右手为实，左手为虚；从动作整体来说，体现攻防实质的动作为实，迷惑对方的假动作为虚。动作达到定式为实，动作转变过程为虚。从动作局部来讲，支撑腿为实，辅助支撑腿为虚。故把虚归为阴，实归为阳。又如动与静，“动者为行龙，阳也”（《手臂录》）。动则生阳，静则生阴。动静、开合、虚实、刚柔、进退、起落等，正是由这些矛盾统一的双方，而构成武术阴阳统一范畴。

武术中许多拳种十分强调刚柔相济，内外合一，动迅静定，节奏分明。如长拳十二型要求“动如涛，静如岳，起如猿，落如鹊，立如鸡，站如松，转如轮，折如叶，重如铁，缓如鹰，快如风”，动静、起落、转折、轻重、缓快等矛盾双方是对立的，又是统一的，相互依存。没有动之属阳，也就无所谓静之属阴，阴依赖于阳，每一方都以其对立的另一方为存在的条件。这些矛盾变化在长拳演练中体现得越充分，节奏感就越强。

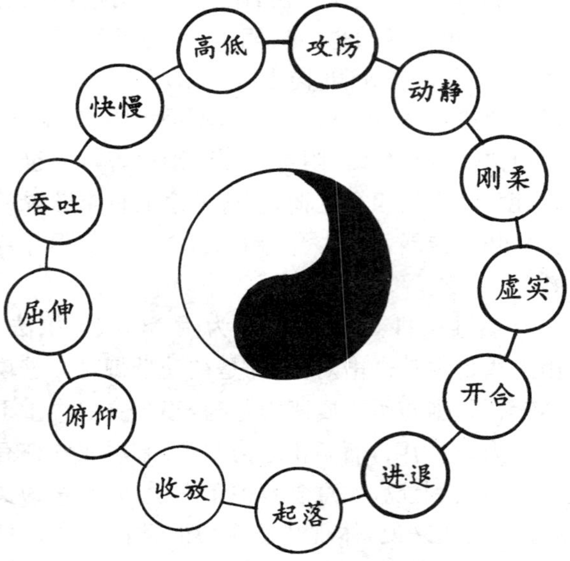

阴阳变化模式图

虚实也是一对阴阳范畴。藏于内者为虚，形于外者为实。从外形讲，又可以说重心偏落之脚为实，另一脚为虚。无实就没有克敌的威力；没虚，实也达不到目的。只有虚虚实实，两者具备，对立统一，方成拳法。有了虚实，才能因势利导，变化莫测。

在技击中，不仅要把握攻守的变化，也要掌握虚实、快慢等动静变化。“避实击虚”是散手格斗战术之一，是以弱胜强的良法。所谓虚，即空处，《拳经拳法备要》说：“与人对敌之时，总要攻其空处。”“能攻其空处，则敌人无所用其力，后能百发百中，则所谓避实击虚之法。”虚指薄弱环节之所在，实指技巧力量之所在，善于格斗的人，总是尽量避免对方的强点，寻其弱点而打击之。

“以快制慢”是先发制人的一种手段。“拳打迅雷不及掩耳”，以快争取主动权，有效地打击对方。“顺人之势，借人之力”，顺势借力而化之，后发先至，则是以慢求快的另一种手段。

动静是武术中最重要的一对阴阳范畴。

中国武术是“刚柔并济之道，虚实攻守之学”，“始以至实用”的技击术。它是以踢、打、摔、拿、刺等为主要内容，以套路和搏斗为运动形式的体育项目。无论是势势相承的套路，还是实战的搏斗运动，都体现了武术攻防技击特点。在实用中，为了击败对手，必须采用最有效的技击方法，而使对方失去反抗能力。搏斗运动直接表现了武术的攻防技击性，而套路的攻防技击性是通过一招一式的动作来体现，技击性是武术的主要特点。而武术千变万化的技法，攻防技术的运用，是通过人体运动来实现的。而人体运动又通过“动静”来体现。因此，武术攻防技击不外动静的变化。“拳有势者，所以为变化也”（明唐顺之《武编·拳》）。动静循环变化“是尽拳中之妙”。

所谓变化，“变言其著，化言其渐”，显著的变化叫作“变”，逐渐地变叫作“化”。著变渐化包含了量变质变的辩证法思想。中国武术技法多变，各家各派均有不同的技法。长拳踢、打、摔、拿为四击；太极拳以掤、攦、挤、按、采、挒、肘、靠、进、退、顾、盼、定为十三势；通背拳以“摔、拍、穿、劈、攒”为五掌，“圈揽勾劫，削摩拨扇”为八法。而武术器械以劈、砍、刺、撩、崩、抹、削等为主要方法；武术的散手以远踢、近打、快摔为主要特色。所有技法的运用均寓于动静变化之中。攻防技术的运用则是人体肌肉运动在空间时间里实现的。运动员时间感好，就能做到技法运用节奏分明，即对动静的把握有法度，在散手实践中能做到后发先至，迅速防守还击。空间感好，有利于攻防技术的运用，不偏不倚，不长不短，恰到好处。

明清之际的王夫之说：“太极动而生阳，动之动也，静而生阴，动之静也”“静者静动，非不动也”(《思问录》)。动与静是不可分割的。亦即在绝对的运动中包含着相对的静止。在相对的静止中又蕴伏着绝对的运动，并以此形成动静的相对动态平衡，从而促进了事物的运动、发展、变化。

中国武术的动静观，不仅注意身体运动表面的动静变化，而且强调人的身体和心灵整体内外的动静运动变化。武术讲究动与静的和谐，要求身心运动“动中静”，动是打破平衡，静是维持平衡。动中求静是动态平衡，外动内静，只有心静，达到心理平衡，才能够应付千变万化的格斗形势。正如拳论所说：“只要性心与意静，自然无处不轻灵。”太极拳要求“外动内静”，动中寓静，以静御动，虽动犹静。外动是形体运动，内静是精神内守，“动中寓静”“静即含动，动不舍静”是武术许多流派的共同要求，是以人的身体和心灵来体验动静变化的哲理。

较技中的动静，也必须符合阴阳转化之理。就动静而言，二人相较，全身松静，气沉丹田，内外一气，寂然不动，待机而发，此时谓之静。一旦发动，曲直刚柔，起落进退，百般变化，随身隐形，此时谓之动。并要做到：欲静则不露其机，欲动则不显其迹。这便是静中蓄动，动中欲静；动身不动心，动体不动气；

心静身定，气静而隐，在变化中不失其机，意在欲动犹静之际，将发未发之间，此之谓“动静之机”。《拳论》中说：“太极者，无极而生，动静之机，阴阳之母也。”

战术是指进行格斗的原则和方法。中国武术中的“以静待动”“彼忙我静待”“以快制慢”“避实击虚”“奇正相生”等战术原理，是动静矛盾运动原则衍生出来的技击原则，早在《吴越春秋》越女说的“手战之道”中就有了动静变化战术原理的论述：“见之似好妇，夺之似惧虎”，以静观动，寻找进攻最好时机，当对自己有利时，即迅猛进攻。静在含机，动起变化，把握时机，待机而动，动而先至。《峨眉十二庄》说：“静如秋月，动如飏风，彬彬克敌，分寸之中。”以静待动是武术技击重要战术之一。

“动则为攻，静则为守”。攻是为了克人取胜，防是为了保护自己，而保护自己的目的，也是为了克人制胜。进攻是主动，可以先发制人，防守是被动的形式，但可以后发制人。防守时要以反攻和进攻为目的，积极防守。进攻之时，要以防守为手段保障进攻，攻不忘防，“攻是守之机，守是攻之策”；“善攻者，敌不知其所守，善守者，敌不知其所攻”（吴殳《手臂录》）。即善于进攻的人，使对方不知如何进攻。掌握攻守动静变化之妙，是战胜对方的要诀。

中国传统武术理论中，不论是对拳理的阐释，对技法的概括，对训练机理的概述，还是技击原则的确立，都深受阴阳学说的影响，阴阳哲理已成为武术理论基本构架的一部分。

三、反者道之动的原则

太极图中“阴阳鱼”的旋转蕴涵着宇宙万物发展演化的一个最普遍、也是一个最基本的客观规律，那就是：世界处于永恒的循环往复之中。无限的宇宙，正是在一切有限的事物的生

——灭、始——终这一周期的不断重复中获得永恒。万事万物在阴阳相反互根的运动状态下演进转化，阴至极点转化为阳，阳至极点转化为阴。这与老子所说的“反者道之动”的原则完全一致。

老子提出“反者道之动”的命题，这句话意思是说事物必然地总在向其反面转化。据此，老子主张贵柔、守雌、尚阴、法水，认为“柔弱胜刚强”。老子说“弱之胜强，柔之胜刚。天下莫不知，莫能行。”(《老子·七十八章》)又说：“天下之至柔，驰骋天下之至坚。”(《老子·四十三章》)认为最柔弱的东西总是最能控制坚强的事物。应该指出，老子所谓的“柔”“弱”并非软弱无力，更不是说低下者反能战胜高强者，老子所谓的柔弱指的是一种坚韧不露，是一种含蓄、深沉、外柔内刚的状态。

老子的“反者道之动”，即太极图所示，事物达于强盛的顶点之后，要迅速地走向自己的反面。那么对敌手而言，最好就是如老子所云：“将欲歙之，必固张之；将欲弱之，必固强之；将欲废之，必固兴之；将欲取之，必固与之。”表现于武术对付敌手时，那就是让他骄傲轻敌，让他先进攻，让他先占优势等等。

同样，依太极图所示，“反者道之动”又有柔弱至极点，物极必反，就会向强大发展的意义。所以老子在“反者道之动”之后又有一句“弱者道之用”。按老子与太极哲理，欲做最强大的人，先做最柔弱的人；最柔弱的人，也就是最强大的人。老子说，还有比水更柔弱的吗？然而以水“攻坚强者，莫之能胜”！所以老子始终强调“贵柔、守雌、尚阴、法水”。表现在武术技术上，则是欲进先退，欲伸先屈、欲急先缓、欲起先伏、欲高先低、欲直先迂、欲浮先沉、欲左先右、欲重先轻、欲紧先松、崇下尚退、后发先至等。

“反者道之动”的辩证法思想被广泛运用于武术战略思想

中，成为武术战略的基本原则。早在《庄子·说剑篇》中这一点就有深刻的反映。庄子说："夫为剑者，示之以虚，开之以利，后之以发，先之以至。"这种思想后来成为中国武术主要的方法论之一，其基本精神贯穿于多种武术技击理论之中。明代著名武术家军事家俞大猷在《剑经》中说，战术的关键不外乎"后人发，先人至"一句。问如何是顺人之势，借人之力？曰：明破此则得其至妙之诀矣。盖须知他出力在何处，我不于此与他斗力；姑且忍之，待其旧力略过，新力未发，然后乘之。所以顺人之势，借人之力也。这些实战经验的总结，均强调了后发制人，以柔克刚，是反者道之动的方法论在技击上的具体运用。

"反者道之动，弱者道之用"的原则在多种武术拳种中有充分体现。但以太极拳为代表的"内家"拳派尤其典型地运用了这一方法论。杨澄甫说太极拳"柔中寓刚，绵里藏针"，"如棉裹铁"。王宗岳说："静如山岳，动若江河。蓄劲如开弓，发劲如放箭……极柔软然后极坚刚。"(《十三势行功心解》)李亦畬在解释太极拳巧妙的"四两拨千斤"的方法时，指出关键在于能否"引进落空"，"舍己从人"，则无疑都是这一原则的运用。

第三节　道与气

"道"与"气"是中国古代哲学的重要范畴，和哲学意义上的本体定义，即对宇宙万物本质的最根本的认识与说明。道论、气论也成为武术思想认识论的根源。

一、道论

"道"是老子提出的命题，道的含义有二：一是指法则、规律。二是宇宙万物的本原、本性。在说明事物的根本时，老子认为"道"是宇宙万物之本源，是万物之根本。他说："有物混

成，先天地生……可以为天下母。吾不知名，字之曰道。”（《老子·二十五章》）

在道家和道教的思想体系中，“道”既是宇宙的本质和终极价值，又是世界的根本法则与普遍规律。道生万物，万物归根于道，拳理亦如此。武术虽变化万端，而理惟一贯，拳技的千变万化贯穿一个“理”，实质上是老子所谓的“道”。老子说：“道生一，一生二，二生三，三生万物。”拳家亦认为由这个根本的“理”，生出了阴阳、动静、刚柔、虚实种种相反相承、互为因果的千变万化。

武术之道体现为技艺的最高境界，更表现为通过习武练拳而获得的一种超越性生命体验和人生价值，以及对天道自然、宇宙万物生化之理的体悟和体验。在道的召唤下，武术与拳技不再是好勇斗狠的手段，也不仅仅是一种健身、自卫和观赏的生存性活动，而成了一种“求道”的手段。

道生万物，万物归于道。拳理亦如此。武术中通过“术”和“艺”的实践而获得天人相合、万物归根的精神体验与生命感悟。由武而悟道合道，这是一种高层次的自我生命实现和体悟。形意拳师李洛能说：“形意之用，器也，技也。形意之体，道也，神也。”拳技的本质不在于一招一式的形似，而在于“通乎道”，“入乎神”。拳技是技艺招式，进退开合、闪展腾挪等是最基本的功夫要素，但更是心灵的体悟，展示武术之道的意境、神韵的方式。感悟中国武术之道，确非易事，只有经过日积月累的长期锻炼、思索才能成功——即“得道”。

老子是把道说得很玄乎的：“道之为物，惟恍惟忽，忽兮恍兮，其中有象；恍兮忽兮，其中有物，窈兮冥兮，其中有精。”道是虚无的东西，道生万物也不可捉摸，所以老子又说：“玄之又玄，众妙之门。”那么道究竟是什么东西呢？这个宇宙万物的本原究竟何在呢？“道法自然”，这一句算把一切说透了。道即自然，道法自然。悟道即是归于自然。这个自然不仅是自然界万物，不仅是自然规律，而主要是一种被抽象出来的意义。一切都是由之创生的，但它又是“一”，又是“无”。武术追求的道，实即追求的天人合一。

二、气论

中国古代哲学认为，在宇宙自然和一切生命体之间，充斥着一种至精至微、无所不在、运动变化的物质实体——气，这种“气”构成了宇宙的本体及规律。庄子说：“气变而有形，形变而有生”，以气来表示万物的本源，又以“气”的聚散来解释生命之形成，从春秋时代起，“气”就形成了中国传统哲学一个普遍的哲学概念。随着时间的推移，人们对“气”的认识进一步明确与丰富。东汉唯物主义哲学家认为“天地合气，万物自生”。即由于“气”本身的运动而产生万物。北宋张载认为：“太虚不能无气，气不能不聚而为万物。”

气在武术中占有重要地位，气被视为武术的原力和本根，是武术的生命和精微所在。武术的种种外在形态如武术功能、神韵、绝技等等，均为“气”的演化与体现。“武之主于气也”，以气论作为本体的观点，亦常见于武术理论中。清苌乃周《苌氏武技书》中有“中气论”“过气论”“行气论”“养气论”。《少林拳术秘诀》首篇即“气功阐微”，“养气之学，以道为归”，“练气之学，以呼吸为功”。武术家们显然从长期的直觉体验中感到了气本体的存在和存在方式。

气与养生更为密切，气为武术养生的理论基点。生命的盛衰变化都是“气”作用的结果，人体“气”的质量好坏，决定了人之生命状态的优劣，人体内阴阳二气的平衡与和谐则决定了人的健康状况。人的身体是武功的载体，武功的强弱自然与载体的强弱息息相关。但“善养生者养内，不善养生者养外”（林珮琴《古今医统大全》）。载体的外部强壮固然重要，但更重要的是内部强壮——内壮。中国医学认为：气是构成、维持、充养人体和生命活动的根本物质。《难经·八难》说：“气者，人之根本也，根绝则茎叶枯矣。”《庄子·知北游》则云：“人之生，气之聚也，聚则为生，散则为死。”内练，实际上就是气功锻炼，元气充盈，自然就达到了内壮的目的。中国武术家们认为：筋肉、骨骼、皮肤的强壮只是外壮，外壮是较为容易达到的。但如果仅练外壮功，忽视内功修炼，那么不仅欲达更高境界绝无可能，反而会适得其反，造成身体的损害。正如《少林拳术秘诀》中提到的，“尝见乡里间少年，有专力技术而羸弱者，更有因而渐成痨瘵以死者”，现实生活中这种练武不得要领而伤身的事并不少见。所以，单练外功忽视内功，即通常所云“练武不练功”的做法，历来为拳家所不取。《少林拳术秘诀》便斥那种“既昧于呼吸运使之精，复不明于刚柔虚实之妙，乃以两臂血气之力，习于一拳半腿之方，遂自命个中专家”，为“下乘之拳技”，乃“乡曲里巷中之下乘拳师所为，正所谓野狐禅门外汉一流，何足语于上乘之神妙技术乎！”

据此，武术养生总是以养气炼气为主旨。武术养气皆不外通过静心平息、存养气息，以求全身内气凝聚充盈于丹田，太极拳的“气沉丹田”，形意拳的“聚气于丹田”，少林拳的“气贯丹田”等，将养气炼气法融入站桩的“桩功”练习，以意念引导气息，配合劲力的聚蓄，运转，爆发的劲力练习等，都是武术内气炼法。通过内炼，一方面使自我作为生命载体的身体状态得到质的提高，另一方面又确实使自我精神感受中受到全新的体验和发展，使人生日臻完善与完整。

气是生命与世界的本体，但气由不同的渠道表现，内容又有所区别。武术讲意、气、力三者合一之“气”，便是专指审美范畴的气，而武德所讲的气，又是指“气节”，即孟子的所谓：“浩然之气”。这又是伦理范畴的“气”。

当然，这些不同的气又是互相关联的。

第四节 中国哲学认识论的特点

中国古代意识与思维模式有一大特点——模糊，大多数情况下这种古代意识和思维模式是直观的，朦胧的，观悟式的，非逻辑的，类推，猜测，经验的成分很重，这便和强调逻辑和严密论证分析、分类的提纯性，结果的数据性的西方实验科学和科学理性严格区分开来。

首先是作为传统武术理论哲学基础的阴阳、五行、八卦这一套范畴体系，本身就是相当不确定和含糊的。

阴阳似乎比较明确，但一个阴中有阳，阳中有阴，又使事物复杂了，阴阳都是相对的，辩证的。一个桌子，木质，相对铁质，它应该算阴；它是方形的，相对圆形，它又是阳；它向上的一面是阳，朝下的一面又是阴；新桌子是阳，放旧了，又是阴……拳法也一样，以攻守这一阴阳范畴为例，一般而言，攻为阳，守为阴，但佯攻是虚招，佯攻是阴。退是阴，但退的过程中反击，又是阳……阴阳是一个很模糊的概念。

五行体系一样。金木水火土以及与之相对的五方、五物、五脏、五体、五官等，都是似是而非的，八卦体系，照样如此。

精气神学说亦相当模糊。这个“精”绝对不是西方医学所说的精，后者就是指男性的精液、精子，明明白白。但前者的精的概念是不确定的。人们用现在的话解释为“构成人体和维持人体生命活动的基本物质”。但这个基本物质到底是什么物质呢？无从得知。传统养生理论将精分为先天之精，后天之精；将气分为先天之气，后天之气；将神分为先天之神，后天之神，于是愈加模糊。那一套炼精化气、炼气化神，化神还虚的修炼过程，也绝对不是可以列出公式，分子式，或者实验程序的一清二楚的东西。

中国古代美学范畴也不像西方美学范畴那样，外延内涵规定得很清楚，中国古代美学范畴是相当模糊的，弹性极大。仅以气为例，你可以看到，生气、气韵、逸气、雅气、气势、气力、笔气、墨气、气色、骨气……有人又把中国古代美学范畴归纳为三层：

一、①气、神、意、风、情。

②韵、趣、力、姿、致、态。

二、骨、体、质、筋、格。

三、形、色、调、声、貌、笔、墨、辞。

第一层是核心层，在核心层中，又可再分为两小层。"从三大层划分中，我们看到，每一范畴都是有弹性的，不确定的，每一层内设有中心范畴，而且同一层内各范畴既各不相同，又有交迭互渗的性能。可组成复合范畴。在第一层中，①层内各范畴可相互组合：神气、意气、风气、神情、风情、情意；①、②之间又可组合：气韵、气力、气势、神态、神韵、情趣、意韵、意态、风趣、风姿。三层之间也是互渗的，气可为骨气、筋气、气格、形气、声气、笔气、墨气、文气……三层之间不能严格、明晰地划分，而是一个整体功能的把握"（张法《中西美学的撞击与美学的未来》见《传统文化与现代化》261 页）。

中国古代的这些审美范畴基本为武术沿袭，显然，这些范畴的互相渗透和不确定，直接与模糊认识的方法论有关。

中国古代意识与思维又有宏观把握和注重整体的特点。

所谓“天人合一”，所谓强调人与人，人与自然，人自我内外身心和谐的泛和谐价值观，实际上又是一种整体观。在这种观念看来，大自然不同的物体、现象、人与自然、人与人、人体内外、肉体精神，都是不可割裂的整体。在这种文化背景中，作为搏击术的武术和作为养生术的气功的结合，并形成武术内功，就成了必然。武术兼具娱乐、养生、强身、防身等功能，传统武术功法、套路、散打的不可分离等，实际都是整体观指导的结果。

第三章　武术与中国传统医学

近代以来，经验的自然科学相当大一部分已被实验科学所淘汰，顽强生存下来的处于一种既无法被证实也无法被证伪的状况。现代控制论、系统论的出现，使得旧有的实验科学的不完善日益显露。人们开始注意到，用解剖学、组织学等方法研究并运用其研究成果于人体，反而在很大程度上干扰甚至消失了人体正常的生命活动。这样，研究的生命已不再是生命，生命运动已不再是运动，研究对象已不再是对象本身，而只是从人体整体割裂开来的一个局部或片面。控制论、系统论用不打开黑箱的方法研究人体，却日渐获得同中国传统医学一致的结论，中医的经络学说、脏象学说等已愈来愈为现代科学认同，并被视为中国古代科技的一个奇迹。

两千多年来，中医与武术同是在一个自成体系的文化区域内发展着。宏大、缜密的中国医学理论不可能不对武术理论及其流派技术产生巨大的影响。“拳起于易，理成于医”这句武林谚语，应该是对这种影响的恰当的概括。当然，这种影响绝不可能只是单向的。中医与武术的共同的方法论基础，以及同属人体文化的性质，决定了这种渗透与融合必然是双向的、互相的。

第一节　精气神学说在武术中的应用

精气神学说是中国古代医学理论。后来，道教又把它变成了自己的养生学理论。在气功与武术结合的过程中，中国武术理论将精气神学说完整地吸收到自己的体系之中。

一、精气神的作用与转换

古人称：天有三宝日月星，地有三宝水火风，人有三宝精气神。《灵枢·本脏篇》说："人之血气精神者，所以奉生周于性命者也。"传统医学认为：精气神是人体生命之本。

（一）精。精是构成人体和维持人体生命活动的基本物质。精又分为先天之精和后天之精。先天之精是生身之本，禀受于父母，所以有"人始生，先成精"（《灵枢·经脉篇》）之说。父母两精结合，又有母体精血孳育，人才生成形体。来源于父母的生殖之精，称为先天之精。所谓后天之精，相对于先天之精之生身之源而为养身之源，来源于饮食营养物质化生。《素问·经脉篇》云："食入于胃……淫精于脉……饮入于胃，游溢精气。"饮食水谷经消化吸收，水谷的各种营养精微物质进入人体生存，这就是后天之精。先天之精与后天之精相辅相成。有先天之精，才形成人之形体，然后才有化生后天之精之基础，人生成形。又有后天之精输布脏腑，成为脏腑活动的物质基础保证，巩固、补充先天之精的存在。先天后天之精共同成为人体生命活动的重要物质基础，在这个基础上，又形成生殖之精以繁育后代。

（二）气。在中国古代哲学，气也被认为是构成世界的最基本的物质。《庄子·知北游》云："人之生也，气之聚也，聚则为生，散则为死。"《素问·宝命全形论》则云："人以天地之气生，""天地合气，命之曰人。"气同样也是构成人体的基本物质，充塞于人体中的气的运动变化，就形成了人的生命活动。气也分为先天之气和后天之气两种。先天气又称元气、原气、真气，由先天之精化生而来，又由后天水谷之精气滋养补充，靠三焦敷布全身。人体内部脏腑，外部腠理，得元气激发推动，各种生理活动得以进行，人体正常生长与发育得以维持。

后天气包括宗气、营气、卫气。由后天水谷与自然界的清气运化而成。宗气成于肺、聚于胸、助肺行呼吸、发声音，贯心运行血液活动四肢。营气源于脾胃，主化生血液，所以《素问·痹论》云："营者，水谷之精气也。和调于五脏，洒陈于六腑也。"卫气的作用是温煦肌肤、温养脏腑、护卫肌表、开合汗孔。

气在人体之中的活动，被称之为"气机"，气机包括升、降、出、入四种。《素问·六微旨大论》云："出入废，则神机化灭；升降息，则气立孤危。"气的运动一旦停息，人体生命活动即告终止。

（三）神。是由气化生而来的。所以《太平经》云："人有气则有神，气绝则神亡。"《素问·六节脏象大论》云："五味入口，藏于肠胃，味有所藏，以养五气，气和而生，精液相成，神乃有生。"

神也分为先天神和后天神。后天神又称"识神"，包括人的知觉、意识、思维等，因为识神乃脱离母体后感受事物而形成，所以又称为后天之神。先天神又称"元神"，即不由意识支配并主宰生命现象之神。由于人在接受父母元精、元气时，即有元神存在，所以元神又称先天之神。

神主宰人的最高活动——精神活动，失神则不能维持人体正常的生命活动。所以《淮南子·原道训》云："耳目非去之也，然而不能应者，何也？神失其守也。"《灵枢·移精变气篇》云："得神者昌，失神者亡。"《灵枢·天年篇》则云："百岁，五脏皆虚，神气皆去，形骸独居而终矣。"

精气神三者相辅相成，关系密切。《素问·玄机原病式》云："精中生气，气中生神。"《类经》云："精全则气全，气全则神全。"《太平经》云："精气神三者，共为一体。故神者，乘气而行，精在其中也。三者相助为治，故人能长寿者，乃当爱气、养神、重精也。""本于阴阳之气，气能为精，精能为神，神能为明，故寿者当先守气而合神，精不去而共形，念此三合为一，"……则太平气应矣。

二、武术对精气神学说的吸收

中国武术理论将传统医学的精气神学说完整地吸收到自己的体系中。"内外兼修"，几乎是中国武术所有拳种流派的宗旨。北拳要求"外练手眼身法步，内练精神气力功"。《少林拳术秘诀》云：少林五拳，各有其妙用。龙拳练精，蛇拳练气，虎拳练力，豹拳练骨，鹤拳练神。"《拳意内练·神运经》则强调："练形而能坚，练精而能实，练气而能壮，练神而能飞。"

重视精气神的作用转换，重视内功修炼，是基于这样的原因：人体是武功的载体。武功的强弱与武功载体的强弱密切相关。载体的强壮又可分为外部强壮和内部强壮，外部强壮固然重要，但更重要的却是内部强壮——内壮。内功修炼的目的，就是要达到内壮并从而达到整体强壮。

古代道教徒，在传统医学对精气神的认识之上，实践并总结出了一整套"炼精化气""炼气化神""化神还虚"的养生方法。武术将之也吸收入自己的内功体系之中。

例如形意拳内功的根本法则是所谓三层功夫。第一层功夫，谓之炼精化气，也就是小周天循环法，在形意拳中，谓之两仪；第二层功夫，谓之炼气化神，也就是大周天循环法，在形意拳中，叫作三体势或三才势；第三层功夫，谓之化神还虚，在形意拳中也就是有规但不必再专循于规，有意而不必再专着于意，进入了随心所欲、得心应手的'拳无拳，意无意，无意之中是真意的'高级阶段"（曹志清《形意拳理论研究》）。

第一层功夫“炼精化气”分六个步骤进行：第一步中“炼己”，即排除杂念，摆好姿势，放松入静；第二步是“调药”，即一念归中，意守丹田，调息入细；第三步是“产药”，即丹田开始产生热感，并越来越强；第四步是“采药”，即舍气从脉，用意念导引热感入任脉下行，下鹊桥（通过谷道），过尾闾而入肾脉上行，过辘轳关（夹脊），通铁壁关（玉枕），达于脑宫；第五步是“封炉”，即停息伏神，真意封固，一念不生，一意不散；第六步是“炼药”，即呼吸并用，采取烹炼，使元精尽化为元气。这六个步骤，都是在形意拳的基本桩式“无极势”“太极势”“两仪势”中完成的。

第二层功夫为“炼气化神”。实即通大周天，也就是使意念引导“气”，按十二经脉及奇经八脉循行。

第三层功夫为“化神还虚”。即不再需要意念导引，气血随心所欲、自然而然。这也就算达到了“拳无拳、意无意、无意之中是真意”的上乘境界。

游身八卦连环掌也有所谓“三层道理”：“1. 炼精化气，是指练习拳术时要保持精神集中，排除杂念，气沉丹田，旁若无人。2. 炼气化神，是指练习拳术时精神面貌焕然一新，气血能随意而达于四梢，力举千斤而面不改色。3. 化神还虚，是指功夫练到纯青时，人似返老还童，气血百脉畅通无阻，身体轻灵，外不动而有内动之感。”（刘兴汉《游身八卦连环掌》）

第二节　传统医学经络学说等对武术的影响

一、经络学说、子午流注法是点穴法的理论基础

在功夫片、武侠小说中，我们都见识过神奇的点穴法。对

手一旦被点中穴位，不是立时毙命，便是终身伤残。还有所谓被封住穴道的，数个时辰之内动弹不得，解开穴道方能恢复。中国武术近乎神奇的技术内容中究竟是否具有这样的点穴法呢？如果有，这样的点穴法究竟又是怎么一回事呢？

典籍不乏有关点穴之术的记载。《少林拳术秘诀》云："盖以三丰，绰号张腊遢，为明时技击术之泰斗。能融贯少林宗法，而著力于气功神化之学。晚年更发明七十二穴点按术，为北派中之神功巨子。"又有张全一者，"以俗子内家，忽而传外家衣钵，而又创明点穴之法。于是缁衣之徒，亦相率而宗之。"黄宗羲所撰《王征南墓志铭》亦载：王征南"凡搏人皆以其穴……有恶少侮之者，为征南所击，其人数日不溺，踵门谢过，乃得如故。牧童窃学其法，以击伴侣，立死。征南视之曰：'此晕穴也，不久当苏。'已而果然。"

点穴法是怎样施之于人体而在技击中奏效的呢？《医学入门》说："经者，径也。经之支派者为络。"我们知道，经是气血循行之路径，经脉是经络系统的纵行线；而络是经脉大大小小的分支，纵横遍布全身里外上下。经络是全身气血运行，联系脏腑四肢，调节人体各部功能的必要通道。在经脉经行处，又遍布着穴位（也有称之为穴道、腧穴的）。十四经共有穴位三百六十余，除此还有"经外奇穴"若干。穴位是经络、脏腑的气血输注处，在穴位处施以某种刺激，便可阻断、壅塞经脉的气血运行。《灵枢·经脉》云："经脉者，所以能决生死，处百病，调虚实，不可不通。"经脉的阻塞，便会导致脏腑正常功能的破坏。

由此看来，点穴法的技击实用价值是有中医经络学说为理论依据的。

穴位有敏感的，有不敏感的，有深藏的，也有现于体表的。点穴所取穴位便因之相应地有所区别和选择。《少林拳术秘

经络系统表

- 经络
  - 经脉
    - 十二经脉
      - 手三阴经
        - 手太阴肺经
        - 手厥阴心包经
        - 手少阴心经
      - 手三阳经
        - 手阳明大肠经
        - 手少阳三焦经
        - 手太阳小肠经
      - 足三阳经
        - 足阳明胃经
        - 足少阳胆经
        - 足太阳膀胱经
      - 足三阴经
        - 足太阴脾经
        - 足厥阴肝经
        - 足少阴肾经
      - （附）
        - 十二经别
        - 十二经筋
        - 十二皮部
    - 奇经八脉
      - 任脉
      - 督脉
      - 冲脉
      - 带脉
      - 阴维脉
      - 阳维脉
      - 阴跷脉
      - 阳跷脉
  - 络脉
    - 十五络
    - 孙络
    - 浮络

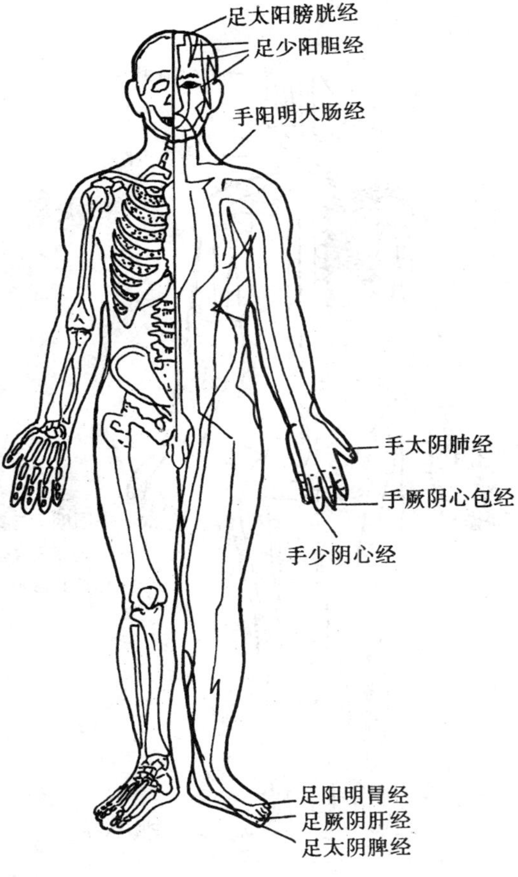

图 3—1

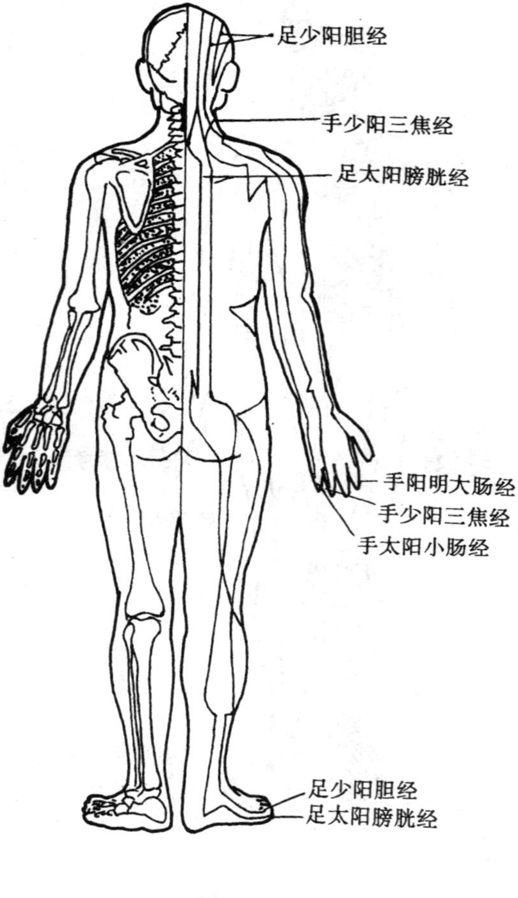

图 3—2

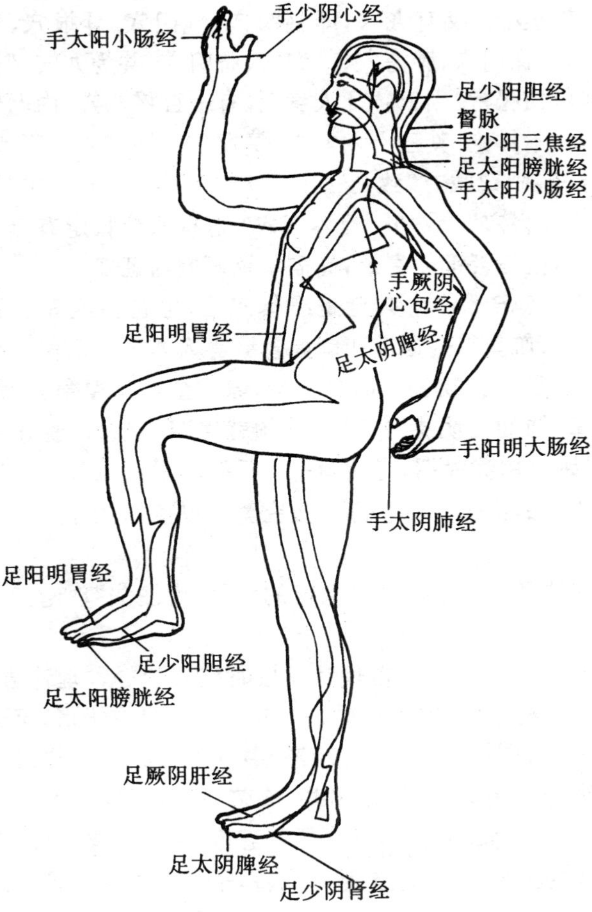
手少阴心经
手太阳小肠经
足少阳胆经
督脉
手少阳三焦经
足太阳膀胱经
手太阳小肠经
手厥阴
心包经
足阳明胃经
足太阴脾经
手阳明大肠经
手太阴肺经
足阳明胃经
足少阳胆经
足太阳膀胱经
足厥阴肝经
足太阴脾经
足少阴肾经

图 3—3

诀》云：张全一点穴法“实只三十六手。其中有软麻穴九，昏眩穴九，轻穴与重穴各九，合之为三十六点按手”。“其中死穴，即所谓点按而死者仅有九穴，即脑海穴、气门穴、耳根穴、气俞穴、当门穴、命门穴、肺海穴、气海穴、脐门穴，共为九穴。”清代赵廷海《救伤秘旨》则云：“凡人身上，有一百零八穴，内七十二穴不致命，不具论，其三十六大穴，俱致命之处。”德虔所著《少林点穴法》，则记载有“致命三十六大穴”“致晕十一穴”“点打二十六要害穴”“致伤一百零三穴”。这些穴位肯定有点中即能奏效的，但是否都能奏效，尚需系统研究与证实。

当然，点击部位未必全是经脉穴位，也包括浅表敏感神经、神经丛、血管重要通道和诸如骨缝等人体薄弱部位。《少林点穴法歌》所云：“软位点插金剪指，隙位金针指要急，骨络猛施瓦楞拳，胁肋三阴指可穿”，“头颅就用四平拳，以膝跪膝实灵验，足趾则用泼踩招，身后须把天兵搬”，显然就包括人体许多易受攻击的部位，不过，点穴法究竟是以点打经脉穴位为主的。

点穴法又以祖国医学针灸学的“子午流注法”理论指导技击。

“子午流注法”本是古代针灸按时配穴的一种理论方法，在《内经》《难经》《甲乙经》《子午经》中已具有雏形，至金代何若愚、阎明广在《子午流注针经》中以十二经脉肘膝以下的六十六个经穴为基础，根据出井、流荥、注俞、行经、入合的气血流注、盛衰开阖的道理，配合阴阳五行、天干地支、日时变易作为取穴的依据，使该理论基本完备，子午流注法以及与之相关的中医“五行六气”（运气）学说，在祖国医学中，至今仍占有重要地位。它和现代生物学揭示的人体具有的生物节奏规律——生物钟学说，即人体内的一种近似时钟的机制，使人体生理活动昼夜交替、四时变更而发生相应的变化的学说，有不少近似和吻合之处。在气血盛衰、经穴开阖之时，点打相应的穴位，便能造成气血或因堵塞而壅滞、或因继绝而衰竭。所以《少林拳术秘诀》云："又有血度流行时刻表，乃点按术之极要也。"万籁声《武术汇宗》具体叙列了少林所传按时点穴秘要。其文云："最紧要为十二大穴时辰。打穴中为：子时人中穴，丑时天庭穴，寅时乔空穴、卯时牙腮穴，辰时双阴穴，巳时将台穴，午时脉腕穴。未时七坎穴，申时丹田穴，酉时四海穴，戌时下阴穴，亥时涌泉穴。"其他武术专著论及按时辰点穴法时，所取穴位亦大致同此。

医家针灸取穴，多依北宋王惟一铸制针灸铜人。拳家点穴取穴，也一依于此。《王征南墓志铭》云："征南搏人，皆以其穴，一切如铜人法。"武侠小说及影视作品中多提到少林练功用铜人，有"十八铜人"之说，恐即本于此。实际上，拳家练点穴多用木人桩，标识穴位于上，进行逼真的练习。《少林点穴法》即要求"取较坚硬的木材刨光，制一木人，身上先绘标出某一经的诸穴，循其经络点其穴位……初艺成，另换一经，依上练习之，依次增加。将人身全部穴位练熟后，可合并通练"。李小龙亦高度评价木人，并对木人有所改进。他临终前，习武中也开始醉心于点穴等上乘武技。

穴位多固定于一点，面积不大，因此点打时多用指，偶尔也用拳、肘、膝等。《少林拳术秘诀》云：点穴有"两指点、一指点、斫点、拍点、拳印点、膝盖撞点、手拐点等"，《少林点穴法》则分别有"鸦咀点穴法""鹤咀点穴法""鸡咀点穴法""金针指点穴法""金剪指点穴法"三阴指点穴法""瓦楞指点穴法""肘法点穴法""足法点穴法""碰法点穴法""靠法点穴法"，另外还有"金铲指"、四平拳、足跟、跪膝等。点穴除了要求准确记忆穴位外，还要锻炼眼力，做到能快速识别穴位，因为点穴多用指，所以对指力有较高的要求。一般人指力多弱，必须经过点沙袋、点石头、点木板等来提高手指的硬度和力度。著名武术家海灯法师所擅少林一指禅功，实际上就是点穴的基本功。另外，诸如“判官笔”“铁扇”等兵器，都有点穴的功能。至于暗器点穴，虽有所闻，却无由证实。从理论上分析，只要达到相当的精确度和力度，当属可能。

二、经络学说影响武术的其他表现

被称为“少林护法之秘术，镇山之绝技”（金恩忠《少林七十二艺练法·擒拿术序言》）的擒拿术，堪称中国武术的一门特技与绝技，而擒拿术的产生，亦直接得益于中国医学的指导。由于擒拿术多用抓筋、拿穴、反关节的技法，擒拿部位多为主筋、要穴、关节，因此，练习擒拿技术须先识得人体结构、经脉、穴位。《少林拳术秘诀》云，擒拿要求“知医家之切脉式按其部位而切取也”。“其秘诀，在深悉人身气血流行之时刻，与其穴道脉络之部位。若按时按穴而擒拿之，可以随轻重而致其命之死生。”金恩忠《少林七十二艺练法》则云擒拿法“盖深究自人身筋骨状态、经络之系统，以及气血循行之道路，与内脏感应之理由，分各经所依之本，按五行生克之道，变化而神明之，乃成此擒拿之妙术。”擒拿为谁所创众说不一，但基于事实基础上的这样的结论当不会有分歧，即没有古代中国医学及医学理论的高度发达，就不会有武术擒拿术的诞生。《灵枢·本脏篇》云：“经脉者，所以行血气而营阴阳，濡筋骨；利关节者也。”经络系统遍布全身，气血、津液主要靠经络为运行途径，输布全身。另外，经络与内脏也有一定的联系。经络的十二经，均分布于手足侧面和外侧面，经脉上又有许多穴位，经常有目的地、适度地活动手足，无疑能起到疏通经络、调节脏腑机能、强身健体、延缓衰老的作用。八卦掌的“行桩”练习，腰腿持续转走，锻炼下肢，活动下肢经脉的功能越来越为人注意。不少拳种之拳理均强调站桩及行拳时要“五趾抓地”，除了稳定身桩的目的外，亦是注意到了第二趾通足阳明胃经，小趾通足太阳膀胱经，第四趾通足少阳胆经，大趾通足太阴脾经和足厥阴肝经，而脚心的涌泉穴通足少阴肾经，五趾抓地有促进经脉内气通畅的功效。近年来站桩练习有从武术基本功分离出来，成为一种独特的健身养生功法的倾向，亦是由于这个原因。

又如钢胆，原本是防身所用暗器，随身携带，投掷杀人，很是方便。根据中国医学经络学说，可知人手上有数条经脉运行，大拇指通手太阴肺经，小指通手少阴心经和太阳小肠经，中指通手厥阴心包经，食指通手阳明大肠经，无名指通手少阳三焦经，人们在随手把玩钢胆同与经络学说的对应中，逐渐发现和明了其治疗疾病的功效及原理，于是钢胆就变成了健身球，质地也由钢铁扩展为玉石、玻璃等，甚至被做成能叮咚发出悦耳乐声的空心球。

再如点穴疗法与气功点穴，亦是中医理论指导并发展武术，而武术又返过头来丰富传统医学宝库的范例。点穴可以闭塞经脉杀人，也可以通过对患者病伤部分进行适当的点穴治疗，或将真气输入病人穴道，来疏通经络，调和气血，达到救症的目的。旧日少林习点穴技击法者，必先习点穴治病伤之法。少林僧德虔所著《少林点穴法》即云：习学点穴之法的目的，第一是生人，第二才是护身。“若能杀人，而不能生人者，则谓之死手，无可取也。故学武者必先学治生人之道。”其书第十二章便是《点穴与治病》。点穴手法大致有点摸、点打、点揉、点划等。近来，又有气功点穴法面世，施术者运气于指，点穴的同时发放外气，以此来治病救患。

经络的活动主要是体表和内脏之间相互影响的活动，太极拳练到一定时间所出现的腹鸣、指尖酸麻、发胀、针刺感等正是人体内行气的现象，是经络畅通的表现。首先，太极拳的“主宰于腰”“虚领顶劲、气沉丹田”，是锻炼任脉、督脉、带脉、冲脉的重要方法，腰部松沉直竖地微微旋转带动上下肢的动作，既锻炼了任督二脉，又使带脉（腰部周围一圈）膨胀，肾部充实，日久能使带脉一周肌肉丰满，小腹部冲脉有气势旺盛之感。其次，太极拳的“尾闾中正”练法，是尾闾骨始终对向正前方，这是稳定重心，加强发力的措施。前进、后退、左旋、右旋，中定时始终注意“长强穴”的松沉直竖，是“尾闾中正”的关键。而“长强穴”是督脉的络穴，别走任脉，所以在注意“长强穴”的情况下，在整套拳路中不断地运转、压挤“长强穴”。能够起到通调任督二脉的作用。第三，太极拳的“缠绕运动，动贯四梢”，要求动作螺旋式走弧形，成为圆运动，使肌肉纤维、韧带和关节在均匀、连贯的反复旋转中得到运动，调整呼吸，畅通气血，流转贯注于四肢达到本固则枝荣的目的。可见太极拳健身与治病的原理，是通过外动与内动，使丹田之气受鼓荡而推动奇经中的督、任、冲、带四脉，进而调节人体十二正经之气血，使人体内部培蓄精气、疏通经络、扶正祛邪，最终达到“阴平阳秘，精神乃治”，“祛病健身、抗老益寿”的功效。

中国传统气功的功法种类很多，但大多数功法都要求初练者在练功中，把注意力集中到体表的某些腧穴上。如头部的印堂，胸部的膻中，腹部的神阙、气海和命门，腿部的足三里，足部的大敦和涌泉等。将全部注意力凝于穴位，不但能排除杂念，渐次入静，而且由于意到气到的关系，可使真气在此积聚。如高血压病人练功时，注意脐下、脐间或大敦、涌泉穴，则血压会下降；注意印堂、百会则血压能上升，这是气功与腧穴关系密切最典型的例子。

久练功者，通过全身放松，把注意力集中逐渐转向身体内部；再通过呼吸锻炼的鼓荡推动，更可使全身经络气血畅通。让经络之气畅通于任督二脉的功法，叫小周天运行法。古书上称："小周天，百病俱消。"让经络之气畅通于十二经脉的功法，叫大周天运行法。古书上说："大周天，长命百岁。"让气以丹田为基础，使丹田之气循经而通行全身，叫丹田运行法。凡此种种，功法不一，但总是为了疏通经络，调和气血。可见，气功若离开了经络，就不能发挥其作用，气功的关键是明经络。

气功强调练气和练意，以意引气循经络运行，达到治病强身的目的。一位气功爱好者，如果对气的运行路线毫无所知，想要沿着某个部位导气是不可能的。相反，若熟知经络通道及气血的流注规律，通过观想体表经络穴位的锻炼，则会逐渐出现"内景返视"现象，即仿佛看到内气沿经络路线运行，因而产生"内视"特异功能。甚至可由经络部位发放外气，为人治病。李时珍在《奇经八脉考》便指出："内景隧道，唯返观者可鉴察之。"

第三节　中医辨证施治、整体施治原则对武术的影响

西方医学过去是从分解或还原的角度来研究人体的，把人体分为系统，系统分为器官，器官再分解为细胞，一直追到构成细胞的分子，这种生物学把一切生命现象都归为化学作用，认为这些生物分子体现了生命和奥秘。而中国传统医学认为，人体是由各个部分构成的，互相联系，彼此相属。这种联系表现在生理、病理、脏腑和经络等方面。如心主血脉，开窍于舌

与小肠相表里；肺主皮毛，开窍于鼻与大肠相表里；脾主肌肉四肢，开窍于口与胃相表里；肝主筋，开窍于目与胆相表里；肾主骨，开窍于耳及二阴与膀胱相表里。五脏六腑各有所主，密切配合为一个统一的整体，不得相失。而且心起着主导作用。脏腑功能失常，将相互影响，甚至影响周身的健康，导致疾病，而整个机体的盛衰，亦将影响局部的病变。所以，必须纵观全局来进行辨证论治。

《内经》又认为，人与天地自然也是一个整体。“夫人生于地，悬命于天地合气，命之曰人。人能应四时者，天地为之父母”，“此人之所以参天地而应阴阳也，不可不察”。这些论述表明，古人在长期的生活实践中，通过观察和体验，已逐渐认识到人和天地自然息息相关。如四时气候的变化，地理环境的优劣，都会影响到人体健康。《内经》中即提出了“人与天地相应”的观点，并提出“因岁之和，而少贼风者，民少病而少死，岁多贼风邪气，寒湿不和，则民多病而死矣”。认为四季气候是否正常，也将直接影响人体的健康。

武术某些拳种以中医学的整体观为指导，合理地运用了五行相生的原理，亦即水（肾）生木（肝）、木生火（心）、火生土（脾）、土生金（肺）、金生水的运化过程，以及生克制化的变化规律来增强脏腑的机能，畅通周身经络，纠正阴阳偏亢，调整气血平衡，补虚泻实达到“内外兼修”“扶正祛邪”的功效。

武术理论中的“六合”，即“内三合”与“外三合”。内三合为心与意合、意与气合、气与力合，外三合为手与足合、肘与膝合、肩与胯合；也有人认为内三合指精气神，外三合指手眼身；还有人认为可有内六合与外六合之说，因古人“以脑为主”故心主气为帅，力为将士，筋能生唾液，血能养元气之说，并提出了脑与心合，心与意合，意与气合，气与力合，力与筋合，筋与血合的六内合。外六合系指背与肩合，肩与肘合，肘与手合，腰与胯合，胯与膝合，膝与脚合。尽管关于六合的解释不尽相同，但和传统医学的整体观却是一致的。

中医辨证论治的观点，包含着两个相互联系、密切相关的内容，即“辨证”和“论治”。所谓“辨证”，就是分析、辨别、认识疾病的证候。“论治”就是在辨证的基础上，经过研究，考虑而确立相应的治疗法则。二者是不可分割的两个部分。“辨证”是决定治疗的前提和依据；“论治”是解决疾病的手段，也是辨证的最终目的，同时又是对辨证是否正确的检验。辨证论治的过程，实际上就是认识疾病和解决疾病的过程。辨证论治是中医学理论和实践相结合的体现。

武术也充分吸取了中医辨证论治的基本方法。如根据不同人的年龄、性别、体质来选择适合本人的锻炼项目；在锻炼方法上，注重壮内和培养真气以达到健内安外的健身效果；另外，在纠正动作错误时还提出了“全身之病，腰腿求之”，“梢节之病，根节求之”。这些在实践中总结出来的拳诀与中医针灸治疗的“上病下取，下病上取”的治疗方法，如出一辙，都符合辨证论治的原则。

需要说明的是中医的辨证论治，是在古代朴素的辩证法思想指导下产生的，尚不能明确地说明人体内部、人与自然矛盾变化诸方面原因和关系。因此，要充分应用现代科学方法，在实践中不断总结、提高和发展。

第四节　伤科与武术的特殊关系

伤科是中国医学治疗人体损伤的临床学科。伤科与武术不仅关系密切，而且这种关系还有着悠久的历史渊源。各种人体损伤，包括伤及气血、内脏和闭塞经络的内伤，以及像扭伤、跌伤、撞伤、脱臼、骨折、金创等伤及皮肉筋骨的外伤，都是练武过程中，特别是拳脚横飞、枪刀对垒的搏击中司空见惯的。如何治疗这些损伤，就成了拳家最关心的问题之一，中医伤科与中国武术的不解之缘，就是这样从一开始就结下了。

伤科与武术，及与同武术有关的战争的关系，古来便十分密切，汉字的“医”字从“矢”、从“殳”，“疾”字从“矢”显然都与武器和战伤有关。战国时兵书《六韬·龙韬·王翼》在所记述的“王者帅师，必有股肱羽翼”的七十二人中，就有“方士三人，主百药，以治金疮”。古代军队交战，战士最常见的伤是金属利器、钝器等造成的兵器创伤，这在当时一般被称作“金创”。古巫医不分，这方士三人，既主治金创，则为伤科医生无疑。《神机制敌太白阴经》卷七便载有用生地为主药消肿活血去淤的药方。晋代葛洪《肘后方》又载有“裹折伤处，以竹片夹裹之，令遍病上，急缚，勿令转动”，即是以竹片作为夹板固定伤腿的治疗方法。南北朝时，又发明了用新鲜桑树皮作线缝合伤口的技术。《虎钤经》同时还收有能拔出深埋在肉内、断嵌在骨中的箭镞的药方。如“出骨中箭头方”“出肉中箭头方”等伤科要药三七，最早见于李时珍所著中药典籍《本草纲目》，其文云：“此药近时始出，南人军中用为金疮要药，云有奇功，凡杖扑伤，淤血淋漓者，随即嚼烂罨之，即止。青肿者即消。”可见，战争的需要，极大地促进了伤科医药和医疗手段的发展。《黄氏医话》云：“推拿一科，发明于岐伯，著书十卷，一曰按，二曰摩，三曰推，四曰拿。及梁武帝时，达摩以为旧法过简，不敷应症，复取旧法而广大之，增入搓、抄、滚、捻、缠、揉六法。”姑且不论这段资料的真伪，其将推拿与达摩相联系，便充分表明了武术和伤科有着某种特殊的关系。骆竞洪主编的《中华推拿医学志》云：

当代中医推拿专家刘绍南的“一指禅伤科推拿”是得授于“少林还俗僧人宫氏春吉”。而哈尔滨以伤科著称的《福庆堂》膏药店创始人王树森，“治伤推拿源于家传，继其父业。其父王兆禹为清朝带刀护卫，以武术专长。”这些都是武术与伤科存在特殊关系的证据。也正因为这个缘故，伤科有人称之为“跌打科”，伤药且有呼为“武打药”“打药”的。旧时伤科被人瞧不起，称为“小道”“贱业”，伤科医生被称为“接骨匠”，“卖打药的”，这亦与武术家社会地位低下，受人鄙视有关。

正因为伤科与武术的如此密不可分的关系，武林才有了“未练功，先学药”的谚语，古往今来，许多武术名师同时也是颇有造诣的伤科专家。许仲元《三异笔谈》就载有一功夫不凡的“和尚”，其徒“永嘉”“石岩”二人，“均习手搏，以折伤科为业”。清赵廷海著《救伤秘旨》，有人在为此书所作序中谈到：赵廷海“少好勇，薄游四方，遇技击之良者，必止而请教焉，故独得其详，汇抄成帙。”可见赵著《救伤秘旨》能够“得其详，”全赖武术家提供。日本人二宫彦可《中国接骨图说·序》云：“我长崎有杏荫斋先生，其人元武弁，姓吉原，名栋，字隆仙，达于所谓死活拳法，今隐于方伎，以按跻为业。因其所得拳法，潜心正骨多年，终得其奥妙。合缝接折，其效不可胜纪也。”此人既“达于所谓死活拳法”，当为武学大师；治疗损伤，“其效不可胜纪”，又是伤科大师。

近代及当代著名武术家兼为伤科名医者更不乏其人。王子平先生威震武林，生前既担任过全国武协副主席及全国摔跤协会委员，又因伤科医术精湛而被推选为上海中医学会理事和所属伤科学会的副主任委员，并且还为上海同济医院、静安区中心医院、上海体育学院等单位聘为伤科顾问。曾随中国代表团参加第十一届柏林奥林匹克运动会，表演技惊四座的武术家郑怀贤，担任过全国武协副主席，同时也是蜚声海内的伤科名医。他系统总结了中医伤科治疗骨伤的经验，揉进他自己几十年行医习武丰富的心得发明，写作出版了《正骨学》《伤科诊疗》《伤科按摩术》等一百三十万字的专著，及十余篇伤科专业论文。四川省武协主席赵子虬，已故的德禅法师等，都是著名的既精武术又擅长伤科的名家。当代伤科名医中，武、医皆精者还很多，仅据《中华推拿医学志》介绍，就有刘绍南、刘志竞、李锡信、朱金山、贾立惠、陈宇清等人。

兼通武术与伤科者恐怕远不止上面列举的几位。实际上，我们寻常所见的民间武术家，很少有不懂些伤科医道的。著名中医师杜自明先生在《中医正骨经验概述》中这样总结道："过去的正骨医生，多擅长国术武功，而擅长国术武功者又多能正骨。究其原因，凡操练武功易受伤，久之则熟悉救治方法，此其一；凡作正骨医生，必须身强力壮，方能牵开错位，整复骨折，故平素多习武功国术，以图身强而胜任工作，此其二。两者互为因果，所以练功可以说是正骨医生的基础，是学者必须练习的功课。"

由伤科著作多收武林秘方及武术多列伤科内容，亦可看出武术与伤科的密切关系。《救伤秘旨》中有"少林寺秘传内外损伤主方"；《拳经》卷四是《拳艺录药方编》；《易筋经》亦记载有大量伤科理论方法和诸如"内壮服药方""内壮丸药方""通灵丸方""烫洗药方""下部洗药""如意散"等伤科药方。

伤科多与武术有关，所以伤科也受武术流派的影响而分为许多家。如王子平的伤科医术被称为"北方武术伤科的一种流派"（骆竞洪主编《中华推拿医学志》），而《中国民间推拿术》一书的作者刘光瑞、刘少林则在书中自称属"重庆中医少林堂"。

中医伤科的治疗方法亦多有明显的武功痕迹。中医推拿有“一指禅推拿”,“术者用拇指的指端罗纹或桡侧偏峰接触在体表上,要求沉肩、垂肘、悬腕。运用腕部的力量来回摆,带动拇指间关节屈伸,使压力轻重交替,持续不断作用于经络穴位上”。一指禅推拿还“非常重视功法锻炼,要求学者先锻炼《易筋经》的外壮功和在米袋上苦练指力的基本功”(骆竞洪主编《中华推拿医学志》)。明显可见,一指禅推拿脱胎于武术的一指禅点穴。中医伤科又有一种“擎拿法”,系“结合了擎、拿穴、气功三者组成的一套独特的治病方法”,“专门治疗急性咽喉病”。由于此法源自拳家,所以“初期并非掌握在医生手里,而掌握在拳击家、技击者的手里”,后来才流传开来(出处同上)。伤科推拿还有“拍打疗法”,治疗时拍打病人某些部位以使症状减轻,这种疗法显然是沿袭武术的排打功。《易筋经》云:“每次行静功完毕,都要行打洗神通,起初用木槌、木杵,五十日后用石袋。”“捣打日久,则骨缝之膜皆壮矣。”这就是武术排打。武术排打是为了强筋健骨,练就所谓“金刚不坏之躯”;而“拍打疗法”则是为了治病,但其理论根据仍出自《易筋经》,即“密密捣之,兼用揉法,并用打法。如揉继捣复打,如是久之,则腑气与脏气会合,其新入之气与所积充满之气,循循入骨矣”。其实这种功法用于防病治病由来已久。在《红楼梦》中,这种木柄前端以皮革包裹成锤状的拍打身体的工具,被雅称为“美人拳”。

显而易见,伤科之所以成为博大深邃的中医学系统中一门独立的、不可或缺的学科,武术实有其突出的贡献。

第四章　武术与内功养生

在中国的武术和气功文献中，往往可见“内功”这一词汇，如内功四经、内功图说、调息内功、内功拳、太极内功等等。就是在今天，也常听到有关内功的提法和认识。内功的概念是什么，武术内功学领域应包括哪些内容，武术内功文化的特征及其对人体的健身功能如何等，都是值得深入探讨的问题。

第一节　关于“内功”概念的形成与发展

“内”是里、中的意思，与“外”相对。“内功”一词由来已久。康熙年间的武术家王南溪（安徽琅琊人），家藏有《内功四经》一书，其序称：王南溪之祖公，清初时为总宪督抚江西，泊舟清江，见有商人覆，多极货水底，获一石函，中有书二卷，一曰《刻丹》，一曰《内功》，后记有贞观二年（公元 628 年）三月十五日录，公以重价买之，遂传于世。如此说不误，当在唐代时已有内功之说。

清初，“内功”与“外功”之说开始发展，王南溪曾为《内功四经》作过注释，他本人对内功甚有研究，并长于技击散打。其所注《内功四经》分为四篇，即内功、纳外、神运和地龙。内功篇是专讲气的脉络、格式、气窍、生劲的理法及真气运行于体内，而使外形健壮的境界。其余三篇所讲的练劲、练神、练身皆以此为基础。或见作者所谈之内功，主要是调气、养气、运气于体内，使经络通畅、内脏无疾、精神充沛，体貌健康。

乾隆四十年(公元1975年)徐文弼所著《寿世传真》则从养生的角度对“外功”和“内功”作了明确的阐述。该书卷一为“修养宜行外功”;卷二为“修养宜行内功”。卷一开端说:“外功有按摩导引之谈,所以行血气,利关节。……故延年却病以按摩导引为先。”其所列内容包括心、身、首、面、耳、目、口、舌、齿、手、足、肩、背、腹、腰、肾功以及十二段锦图诀、八段杂锦歌、擦面美颜诀、六字治脏诀等功法。一言以蔽之,作者所谓外功,皆按摩、导引和吐纳之法,而“内功”则完全不同于前者。卷二开端曰:“按摩导引之功既行之于外矣,血脉俱已流畅,肢体无不坚强,再能调和气息,运而使之降于气海,升于泥丸,则气和而神静,水火有既济之功,……方是全修,亦是真养。”又曰:“惟调息及黄河逆流二诀,功简而易,效神而奇,止在息心静气,自堪却病延年。”这里所说调息和黄河逆流即为内功法。从文字叙述看,行内功分三步:第一,先心静神闲,盘足坐定,宽衣解带,平直其身,两手握固,闭目合口,精专一念,两目内视,叩齿鼓漱咽下,以目内视,直送至脐下一寸二分丹田之中。第二,再以心想目视丹田之中,仿佛如有热气,轻轻如忍大便之状,将热气送至尾闾,从尾闾升至肾关,从夹脊双关升至天柱,从玉枕升至泥丸。第三,少停,即以舌抵上腭,复从神庭降下鹊桥、重楼、降宫、黄庭、气穴(脐轮)、下丹田。注意静坐内视。叩齿、鼓漱、咽津及运气于任督二脉,整个功法,即是小周天功法。这可谓养生导引家关于“内功”的典型认识和做法。

大体循此说者,在咸丰八年(公元1858年)江苏吴县人潘霨“编取丰城徐鸣峰本(即《寿世传真》)参之医经各集,而略为增删”,刊印的《卫生要求》;清光绪二十一年(公元1895年)周述官编的《增演易筋洗髓内功图说》;1918年席裕康纂辑的《内外功图说辑要》等。周书卷二指出:“内导引者,内功也;”

“外运行者，外功也”。作者认为内功能使“病去身强，内充气积，任督交通。导引路熟，河车运动，存想意纯。”其所言内功之法有练元丹说、返归说、运气说、任督二脉图说、通关诀、坐身内功图式、呼吸歌诀、行功存想要诀等。他还认为有些功法虽有“呼吸存想，但不完全属内功的范畴，如立八段锦、韦驮劲十二势、按摩操腹九冲图等，故称其为“内功支流”，这显然是养生家的一种分类方法。

至于席裕康编的《内外功图说辑要》所言内功主要是心意静定的坐功法。其上集与“内功正、背面图”同列的还有“乾道初坐图”“坤道入手图”，实际皆为坐功式，作者附识宣秘皆静坐存想之要点。其后绘四照图（普照、反照、时照、内照）主要讲述的是调息运气以通任督二脉。他认为“人能通此二脉，则百脉皆通而无疾矣”。其下集所载“调息内功诀”则引自《内功图说》。

该书与前述不同者，是将“坐式八段锦”列入内功。这套功法最早见于明洪武十三年（公元 1379 年）刊行的《活人心法》时称“八段锦导引法”，未有“内功”之说，其后引录这套功法的《修龄要指》《类修要诀》《保生心鉴》《遵生八笺》《万寿仙书》等多以导引法、导引诀、坐功图诀称，无内功之说。后《寿世传真》将其改为十二段锦，仍列外功之中。可见将坐式八段锦列入内功范畴只是席氏之见。

根据历代养生家关于“内功”的认识和现代科学的研究成果，“内功”的概念可以认为是：人体在保持松静状态和相对固定的练功姿势时，以调身、调息、调心、存想、意守、任督二脉运气等方式，加强生物电、磁等效应，派生和增加生命信息，疏通信息通道，使人体的有序程度提高，从而达到强体祛病之目的的功法。

内功随着历史的发展，虽然在习练形式上有一定变化，但静态练功，调息运气之法始终未变，故今多称其为静功或静气功。

第二节　武术内功的文化特征

先秦时期，内功已有相当的发展，它的发展与先秦出现的尚柔、主静、贵无的哲学思想及脏腑经络说等都有密切的关系。后来又受到佛教、道教、医家各派的影响，内容日趋丰富，清初又与武术结合，遂形成了带有浓厚的中国传统文化特色的练功体系。

一般人认为，西方文化重外在超越，重个体性，而东方传统文化，尤其是中国传统文化重内倾超越，重主体的自觉性和整体观，武术内功学可以说在这方面表现得非常明显。

武术内功诸法要求内倾的修炼上的自觉，“夫求长生，修至道，诀在于志”(葛洪:《抱朴子·论仙卷》)；“子志诚坚果，无此不济，疑则无助”(葛洪《抱朴子·微旨卷》)；“人人本有长生草”，“何须寻草学烧茅”(张伯端《悟真篇》见《中国气功大成》第580、590页)都是讲这个道理。内功静练中的调身、调心、调息、胎息、存想、意守、周天运气等，无不是通过克己内省的修持，把外在的要求变为主体的心理自觉要求，以此寻求长生。《苌氏武技书》卷四《初学条目》第一条即为“学拳宜在静处用功，不可向人前卖弄精神，夸张技艺，方能鞭策着里”。要求习者“专心致志，殚心竭力”，通过自觉的努力，可达追求之目的。

习内功者重视整体的感性的直观把握和体悟。他们往往把自然(天地万物和人)视为一个有系统、有联系的统一体。这种统一与和谐表现在个体溶于自然，即“天人合一”。如《太平经》曰："人取象于天，天取象于人"，"天人一体"，"元气与自然太和之气相通，并力同心，时恍恍未有形也"(《太平经合校》，中华书局，1979 年版)。人和自然既然浑然一体，所以"取法于天地，自可长生而不死"(《钟吕传道集》，上海古籍出版社，1990 年版第 12 页)。关于这一点，注意内功的武术家亦有同样的认识。陈品三《学拳要诀》说："吾身之运动，在天机之往还，一阖一辟，上下相随，一气贯通，俨然如太极之循环无间也。"孙福全《拳意述真》说："人为一小天地，亦天地间之一物也；故我身中之阴阳，即天地之阴阳也；万物之理，亦即我身中之理也。"所以，练意行拳"天地万物无不可效法"。

这种"天人合一"的境界是内功家通过练习时种种精神心理现象体悟到的。《明儒学案·江右王门学案》记述了罗洪先谈他静坐时的切身体会："当极静时，恍然觉吾此心中虚无物，旁通无穷，有如长空云气流行，无有止极；有如大海鱼龙变化，无有间隔，无内外可指，无动静可分，上下四方，往来古今，浑成一体，所谓无在而无不在。"明代柳华阳是著名的内丹家，其《金仙证论》在描述"药"景象时说：且气满药灵，一静则天机发动，自然而然，周身融合，酥绵快乐，从十指渐渐至于全身。吾身自然耸直，如岩石之峙高山；吾心自已虚静，如秋月之澄碧水，……盖此时，不觉入于窈冥，浑浑沦沦，天地人我莫知所之，而又非无为。"上述之"旁通无穷"，"无有间隔"，"浑成一体""天地人我莫知所之"的体悟，正是练功时有心理表现的描述，并非虚构或杜撰的，当然内功拳家们也有此相似或相近的体悟。正是由于练功中这种现象的不断出现，并与中国哲学中的"天人合一"观点不谋而合，才成为内功家们首肯的练功观，这也是内功发展的一个重要的思维框架。

内功家不仅把天和人视为一个系统，而且也把人自身看成一个整体，讲究整体的锻炼，而不是只重某一部分的锻炼（或上肢，或下肢，或腰腹等）。如静功中的小周天，是讲究前任脉和后督脉交相运气，分之以阴阳不离，合之以见浑沦无间。大周天则使真气循经贯注一周，使全身经络畅通，气遍全身而不外泻。形意拳家讲究六合，即“心与意合，气与力合，筋与骨合，手与足合，肘与膝合，肩与胯合”（唐豪《行健斋随笔》）实际还是讲究整体观。

中国传统的一些运动项目，如摔跤、击剑、手搏、竞渡、赛马、武术中一些激烈的套路运动，都是通过剧烈地“动”，在紧张的身体活动中来改善和提高身体各部分机能，增强体质的。而武术内功的内容，大部分则是通过“静”或“动静相间”，即在身体高度放松或动中求静中来完成上述目的的。二者可说共同构成了中国体育功法的格局。实际上，二者代表的是中国哲学中的两大流派。即尚刚、主动、贵有的哲学观和尚柔、主静、贵无的哲学观。

老子哲学开创的尚柔、主静、贵无的哲学观点，后来直接或间接地被内功家们引用和发挥，成了内功修炼的理论基础。老子以“无”“无形”“无物”“无状”等描述道的词汇以及“至虚极，守静笃”，“归根曰静”的万物变化原则成了构筑内功的思想基础。《庄子·大宗师》所说的“堕肢体，黜聪明，离形去知，同于大通，此谓坐忘”。被认为是静功的极佳境界，至于庄子后学所谓的“至道之精，窈窈冥冥，至道之极，昏昏默默。无视无听，抱神以静，形将自正，必静必清，……乃可长生”的观点（《庄子·在宥》），也被认为是入静后的意境。而有此意境，就可长生。

后世所谓的“胎息”“胎食”之法，也是依据老子“专气致柔”，“复归于婴儿”之论而发展的（《老子》十章；二十八章）。

《太平经》对此论述道“凡在胞中，且而得气者，是消息之气也。人而守道力学，反自然之气者生也，守消息之气者死矣。故夫得真道者，乃能内气，外不气也。以是内气养其性，然后能返婴儿，复其命也。故当习内气以内养其形体”(《太平经合校》)。北宋张伯端用“万物芸芸各返根，返根复命即长存”(《悟真篇》)，来说明返本归元的重要性。在内炼中的体现，则是凝神胎息于丹田之中。

关于此问题，注意内功的拳家亦有同识。吴志青《太极正宗》曰：“太极以静御动，虽动犹静”，“太极拳者，是使强者复还为柔软之术，是反死机而回于生机之途，所谓复归于婴儿者是也。”孙福全说：“拳术是动中求静，静桓而复动也。”(《拳意述真》)返本主静与进取主动是相互依存的，内功拳之论反映了“内功拳”静而复动，以退为进，以柔克刚的运动规律，也体现了以返本主静而达进取的内倾超越特点。

内在的要求往往很系统，很精致，并富有很强的思辨、理论特色，内功家们关于行功顺序、方式方法以及理性认识都充分体现了这些特色。如智顗的调身、调心、调息法，《童蒙止观校释》，司马承祯的斋戒、安处、存想、坐忘、神解法，《天隐子》，众多内丹著作关于内丹筑基、炼精、采药、封固、抽添、沐浴、火候、温养、结丹的论述等无不说明了这一问题。清初以来的太极拳家们关于太极拳演变的理论，可谓是众多拳派中最为详尽的。这些内容共同构成我国古代独具特色的内功学系统。

上述可见，内功学作为中华民族一种健身文化，它不仅渗透着中国古代的哲学和宗教观念，而且也受到了民族精神、民族科学、民族艺术以及伦理道德的影响。它表现出的是一个静态或动中求静的，注重意境培养的，追求返本归元的，具有内倾超越特点的文化形态。

由于中国的内功学与印度的瑜伽、日本及东南亚各地流行的气功、武术内功等都有相同或相似的练功法与理论，表现了共同的文化特征。因此，可以说它是东方体育中的一大派系，它的开发与研究对东方体育的发展有着重要作用。

第三节　“武术内功”的发展及其主要内容

自清初开始，内功不仅成了养生家们研究的问题，而且也为武术家们关注。故后来有武术内功之说，甚至有“内功拳”的称谓。

武术内功约从清初开始发展，时多称“坐功运气”。当时在民间宗教和秘密结社中非常盛行。如乾隆年间，河南倡教首领张百禄教习八卦拳、棒，又授运气口诀。河南遂平人张成章“即拜张百禄为师，学拳运气”(《录付档》)，白莲教支派清水教首领王伦，一直在山东运河沿线组织群众。戚学标《纪妖寇王伦始末》说他“以拳棒教授兖东诸邑，阴用白莲教诱人练气，云炼气可饥半月不死，其法以十日不食为小功，八十一日不食为大功”(《鹤泉文钞》卷下)。嘉庆初年，山东冠县任四等人在德州设立天理教，组织人“学习义和拳棒”，并“运气念咒”(《录付档》卷第 2419，第 8 号)。山东曹州府一带离卦教首“张景文会运气，又会拳棒”(《录付档》卷 2393，第 1 号)，“同教中有仅念咒运气，学习拳棒者”(《录付档》卷 314，第 1 号)。山东菏泽与其直隶东明一带离卦头目李荣传习拳棒，并令徒众“每日坐功运气”(《朱批档》卷 576，第 9 号)。当时民间习武团体所练内功，主要是通过坐功运气实现的，可见静坐功是武术的内功之一。

武术是以技击为手段，达到强身自卫的目的；而运气功则是通过调身、调息以主静，运气于任督二脉来强身的。二者不仅在运动方式上有区别，而且演变过程及体系也不相同。清以前很少见二者兼习之举，为什么到清代，习武者要走二者兼习的道路呢？这主要是自清初开始，日趋通俗化的内丹术成了民间宗教和秘密结社中普遍的活动内容。坐功运气引起的人体的生理变化对下层民众颇具吸引力，因此他们既练武又练气，希望用手中的武术和练气带给他们的神奇力量，去战胜生活中的困难和反抗清朝统治者的压迫和镇压。

当时，人们通过练气的实践，确实也看到了练气所产生的异乎寻常的生理效应，如乾隆年间的唐阶元会武术，又"能运气，运气处，有硬块坟起，如核桃，刀石不能伤。"(《清稗类钞》)乾嘉之际卞某习拳，又得"内家法"，"择一巨碑，作势运气，击之，轰然一声，碑已中断"。(同上引)甘凤池不仅拳勇过人，而且"又善导引术，同里谭氏子病瘵，医不效，凤池于静室牖户，夜与合背坐，四十九日而痊"(《清史稿》甘凤池传)。因此，当时民间习武者多是武术与练气兼习。如清初文武兼备的学者颜元，14岁时就"学运气术"，55岁还坚持"夜中坐功"。(《颜习斋先生年谱》卷下)康熙时的许子逊"绝擅拳勇"，又能"默坐运气"(《清稗类钞》)。安徽和州人江之相"手臂刀矛，皆务实用，变通成法。且读书，且习艺，读稍倦，则趑举翕张，以作其气。已而默坐，以凝其神，昼夜无间"(《清史稿》《江之桐传》)。众多武术家兼习内功，使习武兼练气逐渐成为一种风气。后来，习武者便把练气视为练武术时不可缺少的内容了。

上述内容明确反映习武者所习之"内功"，较养生家所谓"内功"丰富。除静坐功法外，还包括肢体运动结合吐纳的动功及硬气功等。其习练形式的多样化，也可从清代武术著述中窥见。

乾隆年间的武术家王宗岳的《太极拳论》明确指出，练习太极拳要“虚领顶劲，气沉丹田”。武禹襄的《打手要言》称推手要“以心行气，务令沉着”，“以气运身，务令顺遂”。清代流传的《六合拳谱》(形意原名六合)内容之一，即为“易筋经贯气诀”，其六合之一，即为“气与力合”。苌乃周的《苌氏武技书》认为习武者要“炼形以合外，炼气以实内”。该书有“养气论”“炼气诀”诸篇。王祖源等曾于咸丰四年(公元1854年)赴少林寺，“尽得其内功图及枪棒谱而归”(《内功图说·序》)。光绪七年(公元1881年)又重刻，名《内功图说》，分行外功诀，内功正、背面图，五脏病图、神仙起居法、易筋经十二图和却病延年法。除外功诀外，它包括小周天功、按摩功的调息结合肢体运动的动功。少林把上述内容称为内功。是说明其习练方式和作用与武术攻防技能的习练不同，二者相为表里，故称内功。

自清初发展起来的武术内功，在习练上大体有两种方式：一是练武术动作的同时，也练气。即练拳之中，以心行气，以气运身，呼吸、意念、动作三者紧密配合。从运动形式上看，它属于非剧烈的运动，似气功中的动功。但与动功根本区别在于其动作自始至终包含技击，往往是柔中寓刚，以气催力，以退为进，表现出各种招法，产生于清初的太极拳、六合拳等，都是这类“动静兼修，内外兼练”的拳术。从某种意义上说，它们是武术与练气结合发展的一种范例。正因为这种练法有独到的锻炼价值。后日益受到人们的重视，成为目前中国武术中一大派系。

第二种做法，是练武术与练气分而行之，即交叉练习。从历史记载看，清代武术家甘凤池、江之桐等大都采用这种方法，他们所习内功，多为默坐运气的静功，同时亦有“趐举翕张，以作其气”的功法。清代民间宗教与秘密结社中，练武与练气分而行之的现象也颇多见。这种分习之法，可以有效地调节大脑皮层高级神经中枢，加强人体兴奋与抑制的转换能力，尤其通过专习内功，可使生命能量在体内积蓄运行，从而大大增强拳法的功力。

后世的武术内功正是在上述基础上发展的。近人姜容樵所著《形意母拳》专立“内功”为一章，称其师张兆东先生习内功不辍，“每日早先习此，后练形意，五十年如一日，姜尽其所学，并录取其中十七式公诸海内。”从其所绘图及文述看，是站立姿势上的吐纳结合肢体运动及按摩的方法。其式皆有名称，如：“海底捞月”“狮子转球”“神龙回首”等，皆形象而易行。《少林拳术秘诀》第一章，即为“气功阐微”。其文曰：“气功说有二：一养气，一练气。”方法为马步桩与腹式深呼吸结合，使气贯周身。认为：“外功之练习，乃肉体筋骨所有事；而内功之修养，实性命精神所皈依，离而二之，则为江湖末技，合而一之，则为神功。”这里强调内功在习武中的重要地位及作用。张庆霖著《炼气行功秘诀内外篇》认为习武者必习内功，“内功第一，是打坐养气”，其所附图为调息静坐功法图，作者认为“将欲行功调息，须先盘膝危坐，闭目冥心，握固神思，屏除纷扰，至澄心息意，神气贯足而后开始呼吸，无得徒具其形”。这些都是静坐功之要旨。

20世纪30年代，出现了“内功拳”的称谓。章乃器著《科学的内功拳》中，称“内功拳是形意拳、太极拳、八卦掌、意拳的总称”。他认为：“道教炼气的一派，他们静坐时的状态，是和内功拳家的基础状态一致的。”内功拳的锻炼方法，“是要‘内外兼修’，‘心身交益’；锻炼的效果，不在肌肉的发达，而在内脏的坚实和舒适，所以，相对于专重外廓的发达的外功拳，称之为内功拳”。可见作者是从练拳时那种动中求静，静而复动，宽胸实腹，以意行气，注重内脏坚实，经络畅通的角度来称谓“内功拳”的。由此看，内功拳可被认为是武术与内功结合的一个产物。

1986 年，人民卫生出版社出版了李经梧、张天戈著的《太极内功》一书，该书把操练方法分为三类：静练势（卧势、靠势和站势的静练功法）；动练势（站势和带功势）；活练势（以意行气，气贯全身，带动演练整套太极拳）。练时，全身放松，呼吸自然，以意行气，上下相随，气贯全身。

从上述内容可以看出，武术的内功经过历代的发展，日趋多样化。其内容大致可分为四种，第一，静练势，包括全跏坐（俗称坐盘），半跏坐（俗称单盘）、坐姿、卧姿（含侧卧和仰卧）。第二，站桩势，包括站立势、马步势、三体势等，它亦是保持固定站立姿势的静态功法。第三，肢体活动结合吐纳、按摩，即所谓“趑举翕张，以作其气”。它要求意念、呼吸、动作三者协调配合，使气运全身。第四，是练拳同时练气，即所谓“内功拳”。

前三种练法，是与武术动作（指套路或组合动作）分而行之的。而第四种是练武术动作的同时练气的。这些内容共同构成了今天武术内功的体系。

第五章 武术与中国古代军事文化

第一节 武术与战争、兵法的关系

迄今为止的一部人类文明史，同时也就是一部战争史。文明的发达，始终同血与火相伴随。长达数千年的中国古代社会，由于民族内部、民族之间矛盾的异常尖锐激烈，战争的频繁，为世界战争史上所仅见。像秦将白起、楚霸王项羽那样动辄坑杀降卒数十万，以及陈胜吴广起义，黄巾军隋末农民起义，宋辽、宋金、宋元战争，红巾军起义，明末农民起义等，都充分显示了战争的规模之大。

战争是暴力冲突的最高形式。武术是一种暴力手段。自然而然地，人们往往便把战争、军事、武术三者紧密联系在一起来看待，甚至认为它们之间不言而喻地有着一种渊源关系。

一、中国武术技术的发达与中国古代军队注重将士武艺有关

“国之大事，在祀与戎”。远古中国的统治者，已把战争看作国家的大事之一，并且极为重视战士的武艺训练。在周代贵族制度下，作战是贵族的权利，只有贵族才能充任战士，西周时期的贵族子弟的“六艺”教育，实际上便是一种武士教育，六艺中的“射”“御”，都是战阵所必需的武艺。

未经训练的民众不是战士，将这样的没有作战技能的民众驱赶上战场，无疑是交由敌人去杀戮。所以孔子说“以不教

民战，是谓弃之”，(《论语》)春秋战国时期的各国，普遍重视士卒武艺训练，所以齐国战士人称为“技击”，魏国战士人称为“武卒”。魏国政治家李悝更颁布以射箭优劣判断官司输赢的法令，来增强国人习练射艺的积极性。

先秦兵书《六韬》对士卒的选拔训练，有较多的论述。其中“选车士之法”为：“取年四十以下，长七尺五寸以上，走能逐奔马，及驰而乘之，前后左右，上下周旋，能束缚旌旗，力能彀八石弩，射前后左右皆便习者，名曰武车之士，不可不厚也。”“选骑士之法”为：“取年四十以下，长七尺五寸以上，壮健捷疾，超绝伦等，能驰骑彀射，前后左右，周旋进退，越沟堑，登丘陵，冒险阻，绝大泽，驰强敌，乱大众者，名曰武骑之士，不可不厚也。”不管是车士还是骑士，选拔标准之一是武艺。对于武艺优秀者待遇亦优厚。

西汉时，面对北方匈奴族的大举入侵，著名政治家晁错在《言兵事疏》中这样分析道：

上下山阪，出入溪涧，中国之马弗与也，险道倾仄，且骑且射，中国之骑弗与也；风雨疲劳，饥渴不困，中国之人弗与也；此匈奴之长技也。若夫平原易地，轻车突骑，则匈奴之众易挠乱也；劲弩长戟，射远及疏，则匈奴之弓弗能格也；坚甲利刃，长短相杂，游弩往来，什伍俱前，则匈奴之兵弗能当也；材官驺发，矢道同的，则匈奴之革笥木荐不能支也；下马地斗，剑戟交接，去就相薄，则匈奴之足弗能给也，此中国之长技也。

晁错分析认为：战争双方各有优势，北方游牧民族人民吃苦耐劳，骑艺精，战马好，军队机动性强，这些都是中原人无法比拟的。中央王朝的军队，只能尽量在武器装备、士兵武艺训练、完善正规的车骑大战等方面保持优势。整个漫长的中国古代社会，中央政权几乎都面临着北方的强大的军事威胁，古代中国中央政权长期不得不实施这样一种战略主张。中国武术技术发达为博大精深，千枝百蔓，军事目的是一个极为重要的原因。

一直到明清，中国军队仍然非常重视军队将士的武艺训练。戚继光在《纪效新书·禁令篇》中用浅显通俗的语言向士卒指明：对士兵来说，习练武艺“是你来当兵防身立功杀贼救命本身上贴骨的勾当”。讲明了习武与战士的种种切身利害关系。在《纪效新书·或向篇》中，戚继光又批驳了“主将者，万人之敌也，而一技一艺似不必习”的论调。戚继光指出：主将虽然以“司旗鼓调度为职”，但是如果他不身先士卒，亲临战阵，那么就会“贼垒之势不可得，众人之气不肯坚。前行之势，得以欺哄避难，而逆诳莫可辩，斯赏罚不能明。”然而主将要身先士卒，亲临战阵，而“身无精艺”，自己胆气就不壮，根本就做不到。戚继光本人就非常注重武艺练习。他向俞大猷学棍，向唐荆川学枪，于诸门武艺，都有精深的研究。中国古代，即是军事将领、又是武术家的人不在少数。

二、武术器械随战争的发展而发展

人类最早使用的工具或武器是木棍和石器，所以《太白阴经》说：木兵始于伏羲，至神农之世，削石为兵。”《越绝书》说：“黄帝之时，以玉为兵。”《吕氏春秋》说：“未有蚩尤时，民固剥林木以战矣。”青铜时代的到来，即文明时代的开始，也就是从这时起，人类总是把自己生产力进步的最新成果用于战争。青铜器一出现，远古的中国人就将其制作为兵器。中国的战争最早是在北方旷原展开的，车战是最主要的形式。战士主要是车兵、即甲士。每辆战车均配备甲士三名，按《诗经·鲁颂·閟宫》的说法是：“兵车之法，左人持弓，右人持矛，中人御。”车战双方距离远，所以大量使用弓箭和长兵。长兵在当时，包括《世本》提到的所谓蚩尤所作的戈、殳、戟、酋矛、夷矛等五兵。

五兵都是极长的兵器,《周礼·考工记》说:“凡兵无过三其身,过三其身,弗能用也。”这样长的兵器,都是车战用的。春秋时代,中国的战争由北方扩展至南方,战争形式由车战为主变为步战为主,车兵渐为步兵取代。南方多稻田、丘陵、丛林、水网,器械过长,使用多有不便。步战近身肉搏,短兵器更能发挥出威力。于是,春秋时代,剑由吴越兴起,在各国军队中大量使用。《史记·范雎列传》云:“楚之铁剑利而倡优拙。”《周礼》也提到:“郑之刃,宋之斤,鲁之削,吴越之剑,迁乎其地而不能为良。”至今,武谚尚有“剑起吴越”的说法。“越女论剑”的故事,则流传至今。正因为剑兴起后,各国军队大量装备,所以全国各地的春秋战国墓中,都有铜剑出土。

战国时期,赵武灵王变法图强,胡服骑射,由此始,骑兵开始登上中国的战争舞台,并一跃而为威力最强大的兵种。由于剑身轻而薄,因而不适宜于砍杀。剑为直身,砍杀时也容易折断,因而面对坚盔重甲的敌人,剑的威力受到了极大的限制。由于不再适合实战的要求,剑逐渐被西汉时业已出现的厚重坚利的“环首大刀”所取代。东汉以后,大刀便成了军队大量装备的主要作战武器,迄至冷兵器时代结束。

阵战是中国古代战争的主要形式,阵战人员各司其职,所使兵器便较杂。《神机制敌太白阴经》卷四便云,唐代若干士兵所装备的武器比例为:枪一万二千五百条,牛皮牌二千五百面,弩二千五百张,弓一万二千五百张,各种箭七十万支,佩刀一万口,陌刀二千五百口等。宋代大型兵书《武经总要》记载:当时流行的各种兵器有百余种。据该书记载:当时刀主要有八种,称“刀八色”,计有手刀、棹刀、屈刀、掩目刀、戟刀、眉类刀、凤嘴刀、笔刀等;枪主要有九种,称“枪九色”,计有双钩枪、单钩枪、环子枪、素木枪、项枪、锥枪、梭枪、槌枪、大宁笔枪等。从宋代开始，有了“十八般武艺”的说法。南宋华岳的《翠微北征录》卷七便提到：“臣闻军器三十有六”，“武艺一十有八”。具体列出十八般武艺内容的是明代的小说《水浒传》，该书第二回提到：“即十八般武艺：矛、锤、弓、弩、铳、鞭、锏、剑、链、挝、斧、钺并戈、戟、牌、棒与枪、叉。”这些兵器绝大部分当时是随不同时期战阵发展的需要而产生的。

三、古代军事将领对武术的特殊贡献

中国古代将领乃至统帅，武艺出众者极多，甚至唐太宗李世民，宋太祖赵匡胤，据传也是身怀绝技。李世民曾在战场上手刃千人，赵匡胤传下了三十二式长拳，这样的记载不管是否为信史，但至少道出了他们精通武艺的事实。春秋刀的始祖推到关羽，梅花枪据称传自罗成，月牙斧是程咬金创传，二十一名枪乃杨家将流传，岳家拳、岳门拳干脆直接以岳飞姓氏名拳。在今天的武术形态中，尽管有依托之嫌，但仍然能看到古代将领和武术的千丝万缕关系的蛛丝马迹。

明代兵家对武术尤其有着特殊的贡献。

首先要提到的是明代抗倭名将，棍术名家俞大猷。在其著作《正气堂集》中他这样写道：嘉靖中，他奉命南征，路过少林寺，在他的请求下，“寺僧负其技之精者，皆出现呈之”，为他做了表演。然而他看了以后大失所望。他告诉当时的主持小山上人说：“此寺以剑技名天下，乃传久而讹，真诀皆失矣。”于是他挑选了两名“年少有勇”的僧人，一名宗擎，一名普从，随他南征。“三载之间，谆谆示之，皆得其真诀”。后来，俞大猷又将其棍法专著《剑经》授与宗擎。宗擎回寺，“以剑诀禅戒广传寺僧”，“众僧所得最深者近百人，其传可永也”。戚继光《纪效新书》全文抄录《剑经》，使《剑经》流传至今。对少林武术和中国武术棍法的发展，俞大猷功不可没。

另一位值得一提的是大名鼎鼎的抗倭英雄戚继光。戚继光的代表作是《纪效新书》，这部书既是兵书，也是武术典籍。在这部书中，戚继光将他对武术的掌握、理解、研究作了系统的阐述，并以此来指导军队的武艺训练与实践。戚继光创立了“长短兵迭用”的鸳鸯阵。短兵中他推崇倭刀与倭刀法，长兵中他着重介绍了杨家枪与俞公棍。他指出拳术是“无预于大战之技”，但“活动手足，惯勤肢体，此为初学入艺之门也”。戚继光从军事实用的角度出发，批判了中看不中用的“虚花武艺”，将“花枪、花刀、花棍、花叉之法”，斥为“左右周旋，满片花草”。戚继光是将门之后，武艺得自家传，又刻苦钻研，身出武举。当了大将后，还向唐荆川学枪法，向俞大猷学棍法。向刘草堂请教拳法。他的著作中的总结，是对明代武术的熔铸，也是他自己心得的结晶。

四、兵法与武术的关系

早在汉代，学者对先秦古籍的分类中，就列出了“兵家”。先秦诸子百家，兵家位列其中。《汉书·艺文志》著录古兵书53家，790篇。从清末目录学统计看，中国古代有关兵家的著述多达1304部，现有288部。在兵家著作中，论述军事战略战术的兵法，占有最大的比重。

中国古代兵法著作不仅数量堪称世界之最，在战略战术思想的研究建树上，相当长一段时间亦独领风骚。《孙子兵法》也被外国人誉为“兵家圣典”，“世界古代第一兵书”。兵法著作的宏富，和中国人重视军事密切相关。

与武术相比较，兵法是宏观的法则，而武术则更为具体。前者集体的特征明显，而后者则更带有个体的特征。而共同之处是：二者都是攻击性行为。军事文化、武术文化，都可以被视为文明的攻击性文化形态。它们的一般性的规律的总结，就形成“谋略”。由于中国民族是一个尚智的民族，这种“谋略”的研究在中国古代便特别充分而丰富。由于这些谋略是其一般性规律的总结，所以它们也适用于其他攻击性文化形态。三十六计之类，既可用于战争、武术，也可用于政治斗争、商战。严格意义上讲，谋略并不完全产生于军事或战斗。它们概括于诸如军事、武术、政治、商业等所有人类攻击性文化形态，并以之作为舞台。

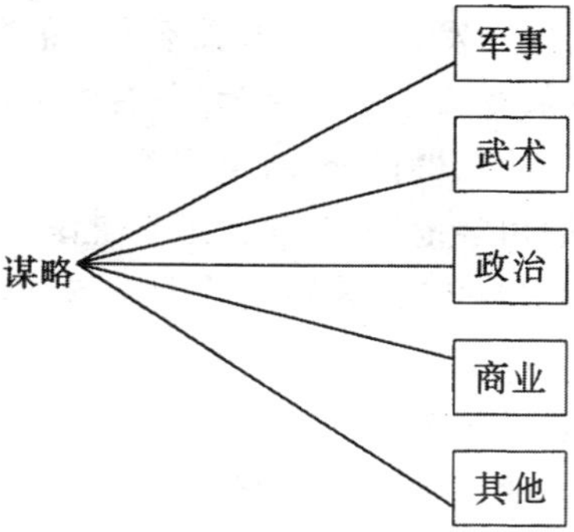

武术与兵法的关系，应该是相互的，它们二者都毫无疑问对对方产生过巨大的影响，由于武术的个体性质，最早它对兵法的渗透或兵法对它的借鉴，可能还要多些。但随着文明的进程，战争规模扩大，军事受到人们愈来愈多的重视，并将其规律总结为理论，到这时，兵法对武术的影响，比较武术对兵法的影响，则要大得多了。

第二节　武术技击与兵法谋略

武术的技击从某种意义上讲，是缩小了的战争。战争的目的是制服敌人，武术技击的目的也在于制服对手。采取各种办法夺取胜利，是战争和武术的共同性质。因此，用于战争的一切制胜的战略战术、方法、措施都可引申转用到武术技击术上来。学习武术的人带着这样的指导思想去阅读兵书，一定能在武术的技击理论和实践上获得很大的收益。来自兵法指导的武术技击原则可归纳为下述几方面：

一、敢打必胜，胆气为先

《吴子》有："凡兵战之场，立尸之地。必死则生，幸生则死。"就是说一进入战场，勇敢是第一位的。必须要有拼命的勇气。武术技击亦然。所以武术技击术历来把胆气放在第一位，叫作"一打胆"，胆气第一。两人相搏，只有勇者才有胜利的希望。

历来兵家选材，无不把胆气放在首位。何良臣在《阵纪》中讲到，选练士卒，务求其精，主要要选择有胆气的。这是因为"伶俐而无胆者，临敌必自利；有艺而无胆者，临敌忘其技；体大而无胆者，临敌必累坠；有力而无胆者，临敌心先乱，俱败之道也。"这些见解是高明的。即纵然是伶俐敏捷，有艺有技，身材高大魁梧，力气浑厚的习武佼佼者，若是无胆，上了战场也要打败仗。他最后得出："兵无胆气，虽精勇，无所用也"的结论。

武术著作中有不少强调胆气重要的论述。《少林拳术秘诀》说："欲学技击必须破生死关。"戳脚的《交手要诀》讲："凡与人交手务要壮起胆来，盖胆者心之辅，胆壮则心亮，手脚自不忙乱。"《少林交手诀》说："一虎能胜十人胆，临敌要有十虎勇，一人胆大百人怕。孤将勇猛万夫惊。"《大成拳诀》说："胆气放纵，处处有法，胆怯心虚，不能取胜。"形意拳谚讲："打人如走路，看人似蒿草"，"与人较胜无需备，去意如同卷地风。""如若不胜，必有怯敌之心”“放胆即成功”。总之，胆小如鼠，一上场就畏首畏脚，怕伤怕疼，甚至一见血或见对方的吓人气势就晕头转向、六神无主的人是不能与之论技击的。“狭路相逢勇者胜。”只有把胆气放在第一位，把敢打敢拼放在第一位。亦即只有战略上藐视敌人绝对相信能战胜对手，才能正确运用制敌的一切战术手段。才能在得机得势时，迅雷不及掩耳地打击对手；在失机失势时坚强信心，不灰心丧气，积极地采取一切办法来变劣势为优势；在受伤和遭受挫折时，仍然信心十足，力挽狂澜，拼搏到底，以求一线生机。这样，才能与勇者相斗；与强者相较；与狠者相拼。才能在各种状态下与不同类型的对手拼搏到底，以赢得技击的胜利。

二、明了攻守，善度形势

孙子曰：“用兵之法，十则围之，五则攻之，倍则分之，敌则能战之，少则能逃之，不若则能避之。故小敌之坚，大敌之擒也”（《孙子·谋攻篇第三》）。在明确双方力量对比的基础上，提出了围、攻、分、战、逃、避的方法。攻守的前提是明了双方的情况。如果“不知军之不可以进，而谓之进，不知军之不可以退，而谓之退。是谓縻军”（出处同上）。是注定要失败的。即当攻不攻，当进不进，当守不守，当退不退，没有不失败的道理，所以明了攻守，采用正确攻守之形是作战取胜非常重要的一个方面。

《孙子兵法》中讲的“军形”。即是论述“两军的攻守之形”（作战形式）与“两军强弱之形”（力量对比）以及如何根据“两军强弱之形”而采用适宜的“攻守之形”，使自己立于不败之地，并乘敌之隙以攻击敌人，从而达到保存自己、歼灭敌人的目的。孙子说：“从前善于指挥作战的人，首先造成不可被战胜的条件，以等待能够战胜敌人的机会。不可被战胜，在于自己的主观努力；能够战胜敌人，在于敌人有了错误。所以，善于指挥作战的人，能够做到不被敌人战胜，而不能使敌人一定被我所战胜。所以说：胜利的机会是可以抓住的，但不能单凭主观愿望去强求。不会被战胜的原因，是做好了防守的准备。能够战胜敌人的原因，是具备了进攻的条件，采取防守，是由于兵力不足。采取进攻，是由于兵力有余。善于防守的人，深沟高垒好像把兵力藏在深深的地下一样。善于进攻的人，迅速猛烈好像活跃在高高的天空一般。所以他既能保存自己，又能够取得全胜”（见于《孙子·军形篇第四》）。

度形，是从双方的实力上进行衡量。在实力相当时，就要靠势了，即“实力相当，得势者胜”。势，是一种突发的冲击力量。充分发挥主观能动性，正确地运用奇正和虚实就能造成“势险节短”压倒对手的态势，从而迸发出一种锐不可当的冲击力量来战胜对手。“激流汹涌澎湃，以至能冲走石头，这是由于水势险急。凶猛的鸟类急速飞行，以至能扑杀小鸟，那是由于冲击急骤。所以善于作战的人，他所造成的形势是险峻的，其冲击节奏是急骤的，形势险峻得像拉满的弩，节奏急骤得像触发的弩机”《孙子·兵势篇第五》。利用好的态势，产生好的形势，就能变弱为强。勇猛或怯懦是由形势的好坏产生的，坚强和虚弱是由力量的对比形成的。技击中，你的打击动作老是击中对方，你就有好的态势，你就勇敢而坚强；而你若是老处于挨打的态势，可能你再勇敢也要变为害怕，再有力量也无法使出。

三、奇正相生，虚实相应

军队的部署、练习和战法都引入了奇正、虚实的范畴。这两对范畴的应用对战争中战略战术的理论和实践都有相当大的意义。奇正和虚实也被广泛使用为武术术语，对武术技击的理论和实践也具有相当大的价值。

孙子曰："可使必受敌而无败者，奇正是也；兵之所加，如以碫投卵者，虚实是也"(《孙子·兵势篇第五》)。可见奇正和虚实运用得当的重要。

在战争中，"无处不用正，无处不用奇"，正能胜，奇亦能胜，"奇正相变，循环无穷"。以小利去引诱敌人，乘其混乱而后攻取它，"能打却假装不能打"等都是用奇的军略。《孙子》中说："用种种假象来欺骗敌人，同时要使敌人无法察知我的真实情况。"正是奇正运用到了最高境界的情形。军队在平时训练时要能区分一般的奇正，而临时对敌的奇正变化则是无穷无尽的。我的奇兵，使敌人误认为是正兵，这就是孙子所说的"形人"。善于变奇兵为正兵，变正兵为奇兵，这样变化莫测，就是孙子所说的"无形"，这也正是太极拳论中所说的："人不知我，我独知人。英雄所向无敌，盖皆由此而及也。"也正和形意拳达到化境时，要求奇正相生，变化无穷。拳如练至"拳无拳，意无意，无意之中是真意"的无形无象无意而制人的境界。就是拳谚所说的"因敌变化示神奇"。这是技击术的最高境界。

虚实，是在战略、战术上使用的又一含义广泛的范畴。据《汇解》沈友说："虚者，怯、弱、乱、饥、劳、寡，不虞也；实者，勇、强、治、饱、佚、众、有备也"。虚实在战术上，还有更多有引申的含意。《孙子·虚实第六》就论述了如何发挥将帅的主观能动性，用"致人而不致于人"，"形人而我无形"等办法造成敌虚我实的情况，变不利为有利，然后"避实击虚"，达到制胜于敌的目的。《孙子》特别强调"致人而不致于人"。认为善战者，总是设法调动敌人而不被敌人所调动。《六韬》中的《龙韬》论将第十九还写出了将帅品德的十过。十过都容易为敌所利用。即勇敢而轻于牺牲的，可以激怒而战胜他。急躁而急于求成的，可以持久作战拖垮他。贪婪而好利的，可以贿赂他。仁慈而流于姑息的，可以袭扰疲惫他。聪明而胆小怕事的，可以胁迫他。诚信而轻信别人的，可以欺骗他。廉洁而近于刻薄的，可以轻侮他。多谋而犹豫不决的，可以突然袭击他。坚强而刚愎自用的，可以用言词来奉承他（使他轻举妄动，疏忽大意，然后打败他）。懦弱无能而好依赖别人的，可以愚弄他。"这样有针对性调动敌人，制敌之短，可以使作战方式灵活到了极点。不露一点形迹，再聪明的敌人也想不出应付的办法。而且每次战胜都不要重复使用某一种作战方式，而是要随着情况的变化而不停地变化。这些虚实变化的要则，都可以使用于武术技击。

孙武在兵法奇正的虚实的问题上还讲了两个比喻。一个比喻是说："用兵的规律像流水。水流的规律是避高而向下，用兵的规律是避实而击虚。水是由地形的高低而制约其流向的，用兵是根据敌人的变化而采取其制胜方法的。所以用兵没有固定的形式，犹如水没有固定的流向一样，能根据敌情变化而取胜，就是用兵如神。"第二个比喻是说："善于用兵的人，指挥军队就像'率然'那样反应敏捷。所谓'率然'，就是恒山的蛇，打它的头，尾巴就来救应，打它的尾，头就来救应，打它的中间，头尾都来救应"（见于《孙子·九地篇第十一》）。这两个比喻，都可以作为武术技击术的借鉴。

四、示形用诈，诱敌上当

孙子首先提出"兵者，诡道也"。并具体地列出了十三种诡道。即"能而示之不能，用而示之不用；近而示之远；远而示之近；利而诱之；乱而取之；实而备之；强而避之；怒而挠之；卑而骄之；佚而劳之；亲而离之；出其不意，攻其不备"（《孙子·计篇第一》）。这十三条开"兵权谋"之先河。自此之后，很多兵家著作，多把示形用诈、诱敌上当列为定计用谋之首。武术技击通过身体的示形变化来制服攻击的对方，这十三条作为武术技击术的诱敌方法是切实可行的。诱敌上当的技艺是无止境的。所谓声东击西、走上攻下、上左进右、拳引脚发，都是示假隐真。击于此而形于彼的诱敌招数。要做到假作真时真亦假，真作假时假亦真，要因敌变而变，将计就计，不露形迹。这种虚而又虚，引而待发而又可发可不发的状态，使对方更难以捉摸和对付。欺骗，引诱对方上了当，对方还不知道怎么上的当，则是诱打艺术的上层境界。

武术诸门诸派在示形用诈、诱敌上当上都有自己的高招和诀法。少林拳因本身种类繁多，有南拳北腿之分，矮桩高桩之分，以及刚柔之区别，所以其诱敌的主张也各有不同。一般擅长腿击的善于声东击西，纵远窜近，升高伏低的引诱方法称手是蝴蝶手，让人捉摸不定，全靠脚打人，在腿法上尤为全面和独到。“少林武功重在腿，弹踢蹬扫摆合威，倒踢侧戳发劲猛，通天响地半霎时。”发腿方法多，变化快，腿练到上层时，有鬼腿、神腿、无影腿之称；而属南少林的拳种，则势矮招奇擅长拳击，桥手，铁胳膊，敢于引诱对方发腿用桥手堵截，防他，撞靠进逼对方，肩撞肘击，硬、重、狠、稳地打击对方；醉拳则以佯醉诱敌，地躺和狗拳等则以倒地诱敌制人。而同属南少林的鹤拳则一反一般南拳的常态，要求轻灵巧妙，主张“用重不如用轻，用轻不如用空”。可见少林拳派的诱敌方法是千姿百态，千奇百怪的。作为内家三拳的八卦掌、形意拳、太极拳在诱敌上的讲究又有独到之处。孙禄堂先生曾言，八卦在天成象，天有不测风云，八卦掌以变求胜；形意在地成形，直来直去，手脚齐致，在不变中求变化以制敌；太极效法人和，在人不知不觉中求空中。讲出了三家在技击中诱敌的精义。实际上，八卦掌以弧形步转圈为主，扣摆转身快，横走竖撞。金蝉脱壳，脱身化影，走马回头是其常用的散招。主张胜人全靠脚下，讲究跨步侧身灵。《八卦掌歌》云："此掌与人大不同，未击西来先声东，指上打下就得知，卷帘倒流更神通"；"身高架大路上三，举手招封势所难，矮步沉身使就下，入我机关使法宽。"八卦掌用其独到的蹲步沉身法来引诱对方，使个小轻灵的人能对付身高架大者。此外还有扭身法，左右甩身法，三穿掌法，指山打磨法等等特殊的诱打方法，使八卦掌成为变化奇妙，使人目迷神乱的拳术。形意拳虽然较稳重，讲究功力和整齐，有堂堂正正之气概，但在其《战手要法》中也主张诱敌。主张"站近敌人之身旁，成三角斜形式，占左进右，上右进左，进步进身灵活要快，形似蛟龙翻浪滚……看正似斜，看斜似正，发手莫有形，身动勿有势。守中用中。主张形不破体，力不出尖的特殊诱打方法。也有的极不主张示形引诱，而是在随人不随己中进行引诱，即"引进落空合即出"。力图运用轻灵多变的手法来乘人之势，借人之力，攻人之隙，没有明显的主动形诱，而是进行意诱和劲诱，力争达到："妙处全凭能借力，得来全不费功夫"和"四两拨千斤"的妙用。其最高水平要求达到"无形无象，全体透空"。要求看不见什么动作，被击的人已被引诱上当，"一接即通"，腾空跌出。太极高手陈发科言技击时间，讲只需数一，用不着二、三，即已完成打击。其引诱敌人上当是何等的神速。

五、善于判断，敢于用奇

技击术和战争一样，最难以捉摸的是对方的行动企图。双方都在力图诱引蒙骗对方，真假虚实的变化使人捉摸不定，形体的变化和转移令人眼花缭乱。而且机会稍纵即逝，形势瞬息万变，这些都给果断的判断带来了许多困难。而不能判断又是技击的大忌。要对对手的行动目标，对手下一步想采取什么方式，对手下一次打击的进退、刚柔、虚实、松紧估计正确，才能控制局势，立于不败之地，一定要具备丰富的经验，要见多识广，要善于用脑筋，要善于在实战中学习，在练习中积累，善于变他人的经验为自己的经验，才能做到善于判断，兵法中相敌的经验可以引申转化应用到武技中。

若是广泛搏击，则需要更多的知识和经验。其中对手本身的一切情况，如身高、体重、年龄、胖瘦、素质、技艺、特长、性格、爱好都需要观察和了解。总之，种种复杂的情况，高明的技击家如同高明的军事家一样，都能作出恰如其分的观察和判断。凡是兵法中的相敌经验和方法，都可以为技击家提供借鉴。只有料敌于先，判断准确无误，才能找到恰当应对的谋略和办法，采取相应的行动。所以善于判断是进攻的底基，是用奇制胜之首。

老子曰："以正治国，以奇用兵。"在战场上，有时候狡猾比力量还重要。或者说计谋也是一种力量。技击亦然。在准确地判断敌情后，如何用奇制胜便成了重要的问题。奇正是相生的，但谋略总是以奇为贵。

首先，要用奇，必须敢于标新立异，奇总是与异相连的。技击中的奇招妙法，便常超出对手的常识，常见、常规、常习。正因为超常，异常，才容易出乎对手的意料，才可能打破对手的心理平衡，才可能使对方来不及反应。历史上没有完全重复以前的战例，都是新思维、新技术和新战术的开拓。技击如同战争，也不会完全重复。让对手感到从未见过、新奇、惊异，才能具有突然性。在武术技击术中，真正的技击奇招妙术，只产生于那些敢于探索，敢于标新立异的实战英雄。

第二，要用奇，必须善于敌变我变。技击同战争一样，始终处于动态，多变是其基本特征。技击的时间，地点，对象，技击时的状态都是不断变化的。技击中，任何一种固定的方法都依一定的条件而存在，任何一种原则都需要一定的环境的前提。某种方法和原则要运用到技击中去，常常需要改变其原来的形式，加以自己的临时发挥，前一次用的方法，下一次并不一定能用，对付甲的动作，不一定能对付乙。因此自己习练的技击法，临敌时不能生搬硬套地应用。少林拳、八卦掌和形意拳讲究练时有招数，用时无招数，练时无形，都是暗示着以变求胜的道理。太极拳更讲究练时要慢，用时要人快我快，人慢我慢，练时明规矩，守规矩，拳架整齐工整。用时随人而不随己，脱规矩而合规矩。这证明，各家拳种都在变字上进行了研究。

变，是武术技击术的关键。技击术的流传本身就是变动的。同一个拳种，流传时间已久了，又会产生一些门派，产生一些分支。其技击思想和方法也代不相同。这种变化无一拳种能例外，更不用说不同拳种的不同技艺了。技击的思想和方法是无穷的，而每个人的技击思想和习练方法却是有限的。用有限的去适应无限，一定要着眼于变和灵活应用，着眼于技击时的发挥。技击术的传流是变动的，还可用下面的事实来说明。同一个教练员，对一批运动员进行同样的训练，却产生出不同气质、风格和技法长处的选手。同样，同一个师傅教出来的徒弟的技术也决不会完全一样。你了解了某人拳种的特点和指导教练的情况，并不等于你就了解了运动员本人。这种个体变异性，只有和其进行激烈地对抗时才真正体现了出来。“行家一出手，才知有无有”。只有临场的随机应变，良好的发挥，才能适应技击的随意变化性。

六、先发制人，突袭快准

和战争一样，创造与捕捉战机，是武术技击赢得胜利的前提。“兵家推其先人，故能有奇人之心”。军事家注重先发制人，主动粉碎敌人的企图，使敌人处于被动，进而制服敌人。技击术亦然。

要做到先发制人，要有许多条件作保证。首先，技击准备要抢先，领先。要注意先“治气”，即参战前要有士气。现代的技击家，要有为国争光，献身武术事业，振兴中华武术的志气，要有敢打必胜的勇气；要注意先“治力”，即所练的技击术要有威力，要具备进攻和防守的实力，攻无不破，守无不固；要注意先“治心”，即攻防意识强，足智多谋，能识破敌人的一切圈套。心静神清，毅力过人。胜不骄，败不馁；要注意先“治变”，即要求临场应变能力要强，能适应各种情况和不同对手。战时的胜利靠平时的苦练和积累，“先为不可胜，以待敌之可胜”。有了一定的胜利把握，再去实战。而不是搏斗起来才去寻找胜利的条件。

为保证先发制人，必须要有相当的技击速度。技击的有效性，很大程度决定于攻防的到位速度。所以谁的速度快，谁就能抓住战机，控制住攻守要点，谁就更有可能掌握时间差和空间距离差，掌握攻守的主动权，这是其一。其二，打击的力量。技击中，能很快地从静到动或很快地从动到静都能产生很大的力量。这要求有高度的速度变化控制能力。第三，物体打击冲量的大小也和速度成正比。所以，只有提高速度才能省时，才能在一定的时间内打击范围大，攻守范围广，才能产生大的力量和大的冲量。所以提高技击速度是提高技击实力的关键，是先发制人必备的条件。

中国武术各拳种都非常注意技击速度，《少林交战诀》要求“交战更宜手足疾，起落出收快如风，手出足起不见影，着落稳准如钉钉”。“左右闪躲如电闪，回身就像箭射鹰，疾如快箭踮跳飞，胜似平地降天兵。”要求两腿行走如风，蹦纵窜跃迅速敏捷，闪展腾挪，躲避封翻，轻灵如燕。并用各种腿法来保障技击的长度和力度，以达到一寸长，一寸强，一寸长，一寸先的先发制人的目的。腿法上中下全面，八面威风，力求完全控制空间的各个方位；八卦掌除了脚快外，还突出地加上了快速的旋转步法，在旋转中完成多种技艺，即“穿搬截拦，拧翻走转，推托带领，缠刁扣钻”。每个动作都要练得又快又熟。如穿法就要求“步既转合手亦随，后掌穿出前掌回，去来来去无二致，要如弓箭离弦飞”。“穿时指掌贴肘行，后肩改作前肩成，莫要距离莫犹豫，脚入裆胯是准绳。”八卦掌厉害的穿掌法，可使挡者立刻倒下，所以有“好汉怕三穿”之说；形意拳则主张暗化三劲，三层功夫，三种境界上有不同的快法。明劲时要求：“起如箭，落如风，追风赶月不放松，起如风，落如箭，打倒还嫌慢。”暗劲时要求：“起似蛰龙升天，落如劈雷击地，起无形，落无踪，去意好似卷地风。”化劲时要求：“拳打三节不见形，如见形影不为能。”认为“进步不胜，必有怯敌之心”，主张“气随心意随时用，硬打硬进无遮拦”。形成了一种特别猛烈、迅速，讲究先发制人的拳种。而晚期形成的大成拳则更主张毛发势如戟，筋肉遒欲放；遍体弹簧似，关节若机轮；筋肉似惊蛇，履步风卷席；指端力透电，骨节锋棱起，神活逾猿捷，足踏猫狙似；一触即爆发，炸力无断续。要求做出弹簧力，爆炸力，穿透力，形成了独特的技击力量和速度；甚至讲究以柔克刚，后发先至的太极拳等拳种，虽不以主动进攻为主，但在还击时则强调速度和速度变换的控制，其技击高手的弹抖寸劲无不具有强大的力量和极快的速度。武谚曰：“千来千有解，万来万有解，一快则无解。”快是技击制人的关键。这和《孙子兵法》讲的“静若处子，动如脱兔”的原则是一致的。

七、集中我力，分散敌力。

军事上的胜利，不管大小，最终总是在对抗点上以相对的优势获胜。强大的力图尽早决战，是因为他已集中了优势兵力；弱小的力图游走后再战，是因为他想在游走中获得时间、地点的优势，获得局部力量优势，用自己的主力攻击对方的一翼，以在局部的对抗中歼敌一部分。再如法炮制，再歼敌一部分。即集中优势兵力，各个歼灭敌人。历史上，大军事家无不善于应用这种策略。《孙子兵法》便详述如何集中兵力消灭敌人的法则，毛泽东的歼灭战、运动战也是这种策略的典型体现，拿破仑于此同样是行家里手。

集中兵力的原则演变到以个体竞技为主的武术领域，则表现为如何集中我力。这个问题，中国武术各门派各有自己的高招妙法，号称天下武术之宗的少林武功历千百年的累积，经众多武僧和俗家弟子的终身磨砺，造就出赫赫有名的少林七十二艺绝技。七十二艺无一不是长期钻研苦练的结晶。其中不少绝技是把力量集中运使在指上，掌上，拳上，臂上，肘上，肩上，膝上，脚上，头上，而成为铁指，铁掌，铁拳，铁臂，铁肘，铁肩，铁膝，铁脚，铁头。形意拳在集中我力上则讲究整体的碰撞力，主张一动俱动，一静俱静，肢体相对于身体的变动，较其他拳种为小，主张形曲则力厚。从结构的原理讲，收得紧凑的肢体和身体的打击承受力比展开的要大些。而肢体相对运动较小的不足则可利用脚步前进后退的速度变换来弥补。形意拳主张内脏的坚固，主张增强身体的抗击性。晚期形意拳大家宝显廷则有十三段内功。对周身进行排打，来增强整体的撞击力。拳紧气力增，发劲时能把周身的力量集中在前端一点上，将人击出。如郭云深的半步崩捶打天下，尚云祥的一劈之 下重千斤，可谓硬、重、狠、疾、毒，集中我力的典型。八卦掌在集中我力上提出了“拳不如掌，掌不如指”。在缩小接触面增加打击力上有独到的见解，用掌时都是用掌的侧缘鱼际处或掌根处，用三指、二指、一指，不仅接触面积比拳小，而且来得也比拳长。习八卦者，无一不在掌和指上下功夫，以增强打击力。有一位八卦掌高手能中指食指两指夹着人的手腕，将人甩一个跟头，称横二指禅功夫，可见其指力的强大。太极拳则给人以在有十分把握的情况下才专注一方，劲以直射的感觉。其沾粘连随的听劲给人以摸着石头过河的实在之感。其运劲如百炼钢，柔里裹铁，绵里藏针，即在柔弱的假象后面有高度的力量集中作后盾，而且是在有绝对把握的情况下才发出。

分散敌力则是变相地集中我力。敌力被分散不能集中地打击我，则无法构成对我的伤害和威胁，我就可以保护自己的力量，集中自己的力量进行还击。少林拳纵高窜下，左右闪躲，进速退疾，飞去跌下，来使对方打击落空，使敌人到处设防而力量分散；形意拳则手脚齐致，上惊下取，手打足踩，运动起来给对方造成似乎若干打击点同时到位的感觉。打中有顾，顾中有打。螺丝劲、层层无穷。落如钩杆，去如钢锉。既要求劲力变化快，用小力来分散敌力和保护自己，同时集中自己整体力量击向敌方中线要害部位，八卦掌则以左右的弧线运动和周身的拧滚走转，摆扣来回，左右转折来使对方感到迷惑不定，减缓对方的来势或改变其方向，使其不易得实着击；太极拳则以触机的灵敏和周身的柔化圆转，使对方老是找不着用力的点位。各家方法不一，但分散敌力，使其不能集中打击力，不能破坏我的平衡和击中我的要害部位，以影响我的战斗力，是一致的。可称殊途同归。总之，进攻时能集中我力以达敌身，防守时能分散敌力，使其落空或变向，不能击中我身，都是技击高手的技艺追求方向。

第六章 武术与传统美学思想

第一节 中国传统美学思想概述

美学是研究人对现实审美关系一门学科。它的研究对象包括审美对象、审美意识和联系二者的审美关系。具体说即美的本质、根源、美的各种存在形态，以及它们的本质特征、相互关系等。由于艺术是审美意识的物质形态化了的集中表现，人对现实的审美关系主要表现在艺术当中，所以美学研究的主要对象是艺术。但美学研究的又不是艺术的一般问题，而是艺术中的哲学问题，即艺术的本质和规律性等问题，所以美学又被称为“艺术哲学”。

早在古希腊，柏拉图、亚里士多德等哲人便开始思索美学问题，都留下了探讨美学问题的著述言论。1775 年，德国学者鲍姆加登完成了《美学》一书，使用 AESTHETIC，使美学正式成为一门学科。

中华民族在几千年的文明进程中，创造了灿烂的文化，也创造了辉煌的艺术。有着辉煌的美的创造，也有着丰富的美学思想和审美体验。然而，中国古代却没有美学这个学术门类，没有这个研究角度与范畴。所以有人把这种现象称为“有美无学”。

其实“有美有学”与“有美无学”正好反映出东西方文化审美与对美的探索的差异。柏拉图早就写下了《大希庇阿斯》，专门探究美的本质。企图从他所面对的美的小姐、美的马、美的雕像等纷纭繁杂的美的具体事物中，抽象出美的共同本质。柏拉图认为：美的本质是理念，这种美的理念是不依赖具体的美的事物的“美本身”。博克认为美是一种特殊的形式特征。狄德罗认为“美是关系”。康德认为“美是合目的性的形式”。黑格尔认为“美是理性的感性显现”。车尔尼雪夫斯基认为“美即生活”。西方的哲学家对美的本质进行了不懈地探求，从不同的角度、层面揭示了美的规律性的东西。西方“有美有学”，正是建立在对事物的本体论的无限探求，“打破砂锅问到底”的态度之上的。当然这和西方从古希腊开始一以贯之的理性科学精神又是一致的。

中国人没有去刻意探求美的本质的问题。美肯定是有本质的，但这种本质非常明确，非常清楚，没有疑问，并不需要人去探究昭揭。《庄子·知北游》云：“天地有大美而不言，四时有明法而不议，万物有成理而不说。圣人者，原天地之美，而达万物之理。是故圣人无为，大圣不作，观于天地之谓也。”《文心雕龙·原道》说：“文之为德也大矣，与天地并生者何哉？夫玄黄色杂，方圆体分。日月叠壁，以垂丽天之象；山川焕绮，以铺理地之形：此盖道之文也。仰观吐曜，俯察含章，高卑定位，故两仪既生矣。惟人参之，性灵所钟，是谓三才。为五行之首，实天地之心。心生而言立，言立而文明，自然之道也。”在“天地合一”哲学思想认识之下，美的本质是毫无疑问的，那就是自然，“自然之道”。这种大美，美的本质，是“天地之美”。人与自然的关系，只是前者对后者的传达。人的艺术创造，实际上是对自然与自然精神的表现。所以古人说艺术的作用就是“体象天地、功侔造化”（张彦远《历代名画记》卷四）。

中国古代美学范畴也与西方美学范畴迥异。西方美学范畴是“崇高”“优美”“悲剧”“喜剧”。但是“中国的阳刚之美与阴柔之美不同于西方的优美与崇高。中国缠绵深厚的悲情有异于西方抗争拼搏的悲剧。中国的丑与西方的滑稽难以合拍，中国的奇和怪与西方的荒诞离奇大有区别”（张法《中西美学的撞击与美学的未来》，见《传统文化与现代化》261页）。包括诗歌、绘画、书法、舞蹈、建筑、园林等中国古代几乎所有艺术门类，玩味、追求，企图把握和达到的，是西方美学不具有的诸如“意”“味”“道”“气”“神”“趣”“境”“逸”“势”“态”“致”“姿”“力”“风”“情”，以及“韵”“神韵”等范畴。

邓椿在《画继》中指出：“盈天地间者万物，悉皆含毫运思，曲尽其态。而所以曲尽者，止一法耳。一者何也？曰：传神而已矣。世徒知人之有神，而不知物之有神。故画法以气韵生动为第一。”林语堂先生亦曾指出：韵、气韵或神韵，是中国艺术的最高理想。因此，在中国古代审美思想中，神韵又是最重要的一个范畴。

人称中国文化是伦理型文化，中国古人的审美，带有极浓的伦理色彩。宋代郭若虚在论气韵时说：“窃观自古奇迹，多是轩冕才贤，岩穴上士，依仁游艺，探赜钩深，高雅之情，一寄于画。人品既已高矣，气韵不得不高；气韵既已高矣，生动不得不至”（《图画见闻志》卷一《论气韵非师》）。所以，以人之品格来论作品，是中国古代常见的现象。

中国文化又被人称为“审美文化”，这种文化习惯于在一切人文领域贯彻一种艺术精神。在这样的大背景中，武术逐渐发展为不仅具有健身性和技击性的实用功能，而且更具有独特的表演艺术性和审美功能的文化形态。中国古代的美学思想，对武术有着深刻的影响。中国古代的审美特点，在武术中有着集中的反映。崇尚自然之美，以自然之美为大美；追求艺术的最高理想——神韵；注重武德，强调武术家的人格美等等，都是这些特点的直接体现。

第二节　传统美学范畴在武术中的体现

一、传统美学范畴“韵”在武术中的体现

“韵者，美之极。”美学思想家把“韵”这一特殊术语概括为“超然于世欲之外的节操、气概，从而表现出神态、风度”。在武术运动中表现出的“韵”，正是一种和谐、整齐、具有节奏的美。武术的韵从何而来？它来自武术套路的节奏变化，来自套路的规范化。武术的韵味，总括起来就是所谓的“十二型”，即快如风、缓如鹰、起如猿、落如鹊、重如铁、轻如叶、立如鸡、站如松、转如轮、折如弓、动如涛、静如岳。“韵”，就是使各种变化表现充分、激烈，使变化清晰、层次分明、韵厚味醇，这样便能给观赏者一种美的感觉。

武术韵味的动作表现，如“旋风脚接劈叉”这个组合动作，就比较典型地反映了高与低的空间层次变化。那腾空纵起的一瞬间，似若龙卷风直冲云天，在空中快速完成击拍以后，转接的低姿造型，犹如矫健的雄鹰俯冲而下。这种瞬息之间的时空变化，充分展示了一种美的韵律。在快与慢的变化中，快者犹如海浪那样激荡，滔滔不绝，使人精神为之振奋；慢的动作犹如微风细雨，缠意绵绵，又如山涧涓涓细水，潺潺缓流，把人带进大自然那秀美如画的田园风光之中。要掌握“动”“静”“起”“落”“快”“慢”“轻”“重”“高”“低”“刚”“柔”的分寸，要形成互为补充、互相衬托的辩证统一。这种统一的结果，便是表现出鲜明的节奏感。“凡事即尽其美，要有韵”。“韵”的观念，深刻地反映着武术的一种传统审美思想。

二、传统美学范畴“气”在武术中的体现

武术各家各派对于气的理解，赋予的涵义及如何练“气”，虽然不尽相同，但认为练“气”是武功达于化境的基本条件，却是一致的。古代拳家们认为，气是人生命的根源，人非气不生，有气则生，无气则死，气盛则生命力强，气亏则生命力弱，武术必须修炼人的生命根源——“气”，这是最根本的。中华武术注重内修炼气，从完善人这一“小宇宙”进到对万物的本根和生命的体认和肯定，与中国古典美学“元气论”一脉相通。传统美学认为，美离不开“气”，“气”是美的本源、天地万物及人都是阴阳二气交感而生的，万物的发生、发展、变化都是无目的而合目的。生命也离不开“气”，“气”又是生命的本源。因而美在生命中，生命即美。传统美学思想以生命的合规律、和谐发展为美，以表现生命力的刚健充实为美，在文学、绘画中，讲求气韵生动，要求从肯定人的生命力的强大，进而到体认整个宇宙的生命，勃发向上的生机，给人以美感。历代拳家通过内修炼气，达到“元气充足”，精神旺盛、体魄雄健、动作敏捷、发力充实，从而显示生命力刚健、充实，这本身就是对人的生命的自由活动的肯定，“气”的美是一种生命的美。武术所注重的练“气”，既有对生成为人的元气的修炼，也含有对人的生命力和创造力的修炼，它极端重视人的生命根基。进而体认宇宙的生命生生不息的运动，因而它的运动形成为人的生命的同构的表现。气为生命力之本原，有气则有力，有气则方法变换自如。所以武术强调练意、练气、练神。气的运用很复杂：腾空动作，如旋风脚、旋子、腾空飞脚就应提气，以助于空中的高度，表现出动作高而飘；在定势时，则要闭气，有助于动作的稳定。初学武术者往往对气的运用缺乏方法，气喘吁吁、接不上气，无气则无力，动作就进行不下去。武术的上乘功夫，意、气、力三者合一。意为主导，气为根基，力为表象。

三、传统美学范畴“形、神”在武术中的表现

传统美学追求传神的境界，把形作为写神或取韵的物质基础，强调形神的高度统一。“形者神之质，神者形之用”，“形真而圆，神合而全”，“形存则神存，形谢则神夭”。形是神生存的物质基础，神是形的统帅和灵魂。在武术练习中，也多强调形是神的外部表现，神是形的内在实质。强调以形写神。

①形之妙用：

武术中的形就是人们讲的姿势造型、功架。就形态而言，形应包括两个部分，那就是动作的静态和动态。动态指套路演练运动过程中肢体在空间动作时的瞬间形态或构成的各种图形，包括弧形、折线和直线。静态，则指套路中动作与动作之间那短暂相对静止的定势造型。

动态有快慢之分，疾缓之别，大小之差。快的动作似烟云翻滚。慢的动作如鹰在空中盘旋；大的动作要充分舒展肢体，小的动作要尽量裹缩全身。在快慢，大小的交错变化中，在一定的空间范围内，充分展示出身体运动的艺术效果。

静态有高低之分，俯仰之异。高的动作如“提膝勾手亮掌”，似青松立顶；低的造型，如“劈叉插掌”，如虎卧草丛；俯的姿态“探海平衡”，似潜海寻珠；“仰身平衡”，如睡卧云海。在“动”或“静”的表现过程中，各种形态便塑造出千姿百态的艺术形象。

从艺术分类来看，武术套路运动是视觉艺术。荀况说“缘耳而知声可也，缘目而知形可也”。形态的变化给人的视觉以具体的实体感。武术套路中那转如车轮的回环，折如弓弩的腰身，时而狂涛翻滚的加速动作，时而静若山岳、巍巍壮观的定势造型，使人眼花缭乱，目不暇接。那优美绝伦的剑术，像仙女

下凡翩翩起舞；那猛虎下山的刀术，如狂风卷浪，势不可当；那蛟龙出海的枪术，如云海翻滚，闪电雷鸣；那缠绵环绕，身姿如浪的蛇拳；那干净利落，剽悍勇猛的南拳；那悠悠飘洒，云移星转的醉拳；那飞翔云天，形意矫健的鹰拳，都以它那丰富多彩的艺术形象给人们以美的享受。“动”或“静”的姿态变化，使审美主体有“咫尺之内而瞻万里之遥，方寸之中乃辨千山之峻”之感。

②神之妙用：

古人云：“形在江海之上，心存魏阙之下，神思之谓也，”“行神如空，行气如虹”。作为美学范畴的神，是指艺术作品所达到的一种极高的美的境界。“立之本原而知通于神”。形与神的统一、和谐，是武术和武术演练者所表现出的精神境界与风度气概的本源。古代美学思想家把形看作是事物外部表现，而内在的神才是表现外形的主导。武术强调形神兼备，某种程度上正是受到这一美学思想的影响的结果。具体地讲，“神”又通过演练者的眼神透出，武术动作中的一拳一腿、一招一势，无不与“神”相配合，形具而神生。在套路演练中，神随形转，形随意动，意含而不露，使整个套路协调而富有生气。神的表现，是运动员对套路动作理解的“感情符号”。既不能怒目而视，又不能呲牙咧嘴，拧眉横目和微笑作态。要有恰当、适当的表现，必须对动作的攻防含义进行深刻的理解，使内心的意向通过眼神与面部肌肉表露，在“击”与“情”上面下功夫。体现出气不绝、韵不断、味无穷的美感魅力，达到击是本、神是情、形是意的高度的统一。缺乏“神”的运动，只能使人看到一个躯壳和皮囊在运动，而看不到其思想和感情。这样的套路运动是不会引起人们美感的。

套路运动的形随意转，身随形动，神形兼备，高度反映了身体在不断变化中形态塑造的变换能力，当演练者把姿态、韵味经过细心的领会，揉搓成一个协调、有机的整体后，在体现武术攻防意识方面独具特色，既不失技击法则而又带有夸张了的技击动作赋予的美的形态造型。这正是武术艺术美赖以生存的基础。

四、传统美学范畴阳刚、阴柔在武术中的表现

《易经》认为：阴阳为天地万物之本，阴阳调和而化生万物。古人由此出发，建立了关于阳刚和阴柔的艺术创作和审美理论的一对范畴。阳刚，代表雄浑、豪放；阴柔，代表柔和、飘逸。武术演练中，那雄壮、奔放的长拳等套路就是一种阳刚之美的代表。那含意绵绵、徐婉的八卦掌、太极拳，运动时犹如烟云舒卷，便充分展现着一种阴柔之美。就在一个套路中，也往往刚柔并存，相互转化。古人认为，人所禀之气，虽有刚柔之分，偏胜常不可免，但阳刚与阴柔是对立的统一，两者相反相存，必须调济为用，刚柔相济。体现刚劲勇猛的套路，以南拳、长拳、刀术、棍术最为典型。南拳拳法刚猛，步法稳健，气势豪放；长拳动作奔放流畅，身灵步捷，转换自如，一气呵成；刀术套路，方法清楚，劈砍有力，动作大开大合，势如猛虎；棍术动作，轮转速度快，劈打一大片，蹿蹦跳跃，气度不凡。这些在体现刚的武术套路中，又以柔相互衬托，可谓以刚为主，以柔为辅，相激相济。

体现阴柔、舒缓的套路，以八卦掌、太极拳为代表。八卦掌步法转接灵活，身法拧转自如，手法穿换多变，气势舒缓飘逸，柔中见刚。太极拳动作含意缠绵，方法柔和多变，身法柔转徐疾，气势柔中藏刚。在以阴柔为主的套路中，以柔为主，用刚以衬托，相存相生，互为补充。

刚无柔，无所谓刚；柔无刚，无所谓柔。刚柔这一对古典美

学范畴，直接体现为武术技术的风格特点。无论主刚还是主柔，只是轻重之分，不可缺一。正由于刚柔的相互依存转化，从而表现出拳种的风格特点。

五、传统美学范畴“趣”在武术中的体现

“趣”生于自然而无所倚，是艺术家按照自己主观希望和感觉，把生活审美感受和体验加以改造提炼、熔铸而成的意旨，是作品再现的独特的风致情味，它是艺术表现的极致。“趣者，传奇之风致”。武术吸取了这一思想，取物于大自然，会融于人体，再现动物生性本能，并取其技击法则加以提炼，创造了象形拳法。

螳螂拳、猴拳、蛇拳、鹰拳等象形拳术都参照动物本能，把武术技击中的手型、手法、步型、步法、腿法、身法进行加工处理，以趣适人，融会成别有情趣的武术套路。这种取自然动物生性动作成人体趣乐，正是传统美学影响的结果。这种至趣、至妙、至乐，正是一种强调抒写性灵的中国传统美学的趣尚。

六、传统美学范畴“意境”在武术中的体现

传统美学范畴“意境”，通常被解释为指文艺作品中所描绘的图景和表现的思想感情融合一致而形成的一种艺术境界。《吴越春秋·勾践阴谋外传》中关于越女论剑一段便记述有“其道甚微而易，其意甚幽而深”一句。其中的“意”，便是指“意境”。显然，武术重视“意境”，由来已久。

中国武术之所以形成套路与传统美学注重意境美有密切关系。套路按一定的价值取向和审美需要，将具有攻防意义的技击动作进行艺术加工，和演练者、编创者的情感、精神融合一致，在似像非像中达到“情境”交融，“情”“技”交融，神形交融。著名武术家蔡龙云先生认为演练套路时要将自己“置于一个战斗的场合”，才会气韵生动、气势如虹、气质贯一，表现一种英武不屈、坚韧不拔的斗志和气概，再现出战斗的艺术意境，既是恢宏的，又是蕴藉的；既是飞动的，又是沉实的。套路的出现，使武术加深了文化意蕴，使武术具有了更多的艺术成分。

武术的意境美不仅体现在实际的演变过程中，而且体现在动作的命名上。古代民间拳师长期的行拳实践中，采用客观世界诸物态或社会历史中的人物典故入谱，使拳技功法产生美感，练拳者可一边持械练武，一边品享其意境神韵。

如苍鹰捕食，大鹏展翅，给人一种威猛雄健的感觉，体现了雄鹰气吞千里，力负千钧的雄伟气魄和坚韧不拔的英雄气概。白猿献果，猕猴攀枝则体现闪展腾挪和巧妙轻灵，给人以机敏灵活、轻松活泼的乐趣。又如金鸡独立、燕式平衡、白鹤亮翅，体现了舒展自如和悠闲、潇洒的情态，给人一种舞台艺术造型美的享受。再如力劈华山、崩断昆仑、倚天拔剑等，好像是擎天巨人背倚天穹拔剑出鞘，气势磅礴，威风八面。

不说“弓步前指”而用“羿射九日”的文学典故，不说“弓步持剑前刺”，而说“仙人指路”，不说“腕花翻身坐盘刺剑”，而说“走马卧槽”，这些拳名在表现武术的意境和情趣方面具有独到功用。闻其名如见其形，使练拳者与看拳者不仅品享其意境神韵，而且仿佛感受到了拳技套路神秘而浓郁的文学意蕴。

即使是武术拳谚，它也把抽象的事理形象化，平凡的知识新鲜化，科学的规律情趣化，把宽大、深厚并带有总结规律性的内容，集中浓缩在严整、简短的一两句话之中，言有尽而意无穷。喻如“吐为落雁，纳为鹰扬”，仿佛是一幅优美的画面展现在我们面前。再如“刀如猛虎力无边，剑似飞凤上下翻”，“枪如游龙随身转，棍似旋风打一片”，“巧打流星，顺打鞭”等，它们传神地表达了武术套路的丰富内容和“情节”，而这种情节恰恰又是武术本质中内含的意境反映。意境美熔节奏、和谐、阴柔、阳刚、形神、技击等具体美的要素于一炉，使人们整体感受到武术不同于其他艺术形式或运动项目的美感。意境美展示了武术自己的风格和富有想象的内容，从而揭示出武术的创造特征。整体的意境美使武术的本质溶于行云流水的套路演练中，以势夺人，以形娱人，以神感人，以气贯穿始终，如一首首优美的抒情诗或奔放的进行曲，使人们在刀光剑影中享受美，品味醇厚的武术文化。

第三节　武术美学的基本表现特征

武术美学除了遵循形式美的一般法则外，还用姿势、劲力、节奏、传神、结构等特有要素来显示自己的美学内容。也就是说，武术的神韵之美，意境之美，是通过这几大要素来实现或表现的。

(一)姿势美

即姿态、架势美。武术项目是很讲究姿势的，如长拳是一种姿势舒展，动作灵活，快速有力，节奏鲜明并包括蹿蹦跳跃，闪展腾挪和起伏转折等动作和技术的拳术。长拳的动作除了要体现攻防技术的含义外，还要讲究骨法，动作要求规格，姿势优美。拳谱中讲"五体称"，四肢与躯干五条线充满骨力，这五条线就像写字一样，结构要匀称、工整、或撑拔张展，或勾扣翘绷，无一处松软。呈现一幅健美之势。又如，太极拳讲"五弓"，处处呈圆弧，虚灵顶劲，气沉丹田，含胸拔背、沉肩坠肘，舒指坐腕，松腰敛臀，圆裆松胯，尾闾中正，动静有常，姿势均匀，势势相连，绵绵不断，另有阴柔之美。

姿势美实际上就是造型美。武术的造型艺术之美可分为动造型和静造型。通过动和静的造型，在空间和时间的运动，形成了连续不断的画面。就其整体上来看，动静造型是相互联系，相互转化，不可分割的。从这个意义上讲，每一个动造型的发势和收势都可以看作是静造型。如“金鸡独立”“白鹤亮翅”“金鸡报晓”“推窗望月”“朝天一炷香”等，这些都是在收势后得到的静造型。又如“燕子抄水”“燕子钻云”“大蟒翻身”“乌龙盘玉柱”“玉女穿梭”“插花盖顶”“鲤鱼打挺”等这些动作可视为动造型。

武术的四度（时间、空间）造型艺术正体现着它的造型美的个性，无论是动造型还是静造型都是取自生活中的典型形象，而一旦把这些典型形象有机联系在一起，形成动的画面，就自然会显示出迷人的艺术魅力。

（二）劲力美

即武术中的劲法和力度。武术中的劲力均从“发劲”和招式着眼。如长拳中讲“劲力顺达”，富有“寸劲”。而出于含蓄，要求“起于腿，发于腰，催于肘，达于手”，协调顺畅，力点清晰。许多拳种讲究发劲刚猛而纯透，有力而不僵。例如南拳的特点是步稳势猛，套路中多短拳，擅标手，上肢功夫尤为突出。动作刚劲有力，很能表现运动员的力量素质。富有一种“阳刚之美”。又如别有一番情趣的太极推手，它是一种柔中寓刚，绵里藏针的双人对练，被人称为“画圈子”。它是以掤、捋、挤、按、采、挒、肘、靠等方法，双方沾粘连随，通过肌肉的感觉来判断对方的用劲并借劲发力将对方推出达到使对方失去平衡或倒地的目的，以决定胜负。我国著名美学家朱光潜先生认为，美学中的“移情作用”，常常不仅令其忘我，而且产生一种“筋肉感”。武术名家手中所表现的劲力常会使人们产生此感，哪怕是朴素无华的形意拳，那整齐简练而又充实的劲力，会使人的心潮、筋肉随之铿锵而动，寓美于劲健之中。

（三）节奏美

即武术运动中有规律的反复、连续性，以及机能转换和形态转换产生的美感。武术套路节奏鲜明多美，气韵生动。近代自选套路的发展在节奏变化上尤为突出，如1982年在杭州举行的全国武术表演赛上，浙江队表演的“集体少林功法”，一出场就在古刹钟声的配乐下，展示了少林寺僧练功的场景。运动员以古朴而有特色的拳法，节奏鲜明，时而单练，时而对练，动作整齐而有难度，内容编排不落俗套，紧紧地抓住了观众的心弦。

（四）结构美

即武术技术配合组织美。武术的套路很讲结构，结构的艺术性和编排意图常常孕育着审美理想。中华民族的武林精英在长期实战和表演中，不断地从自然界和社会生活中吸取素材，经过高度的概括和集中，创造了各式各样的套路体现着武术的结构美。一种套路结构，首先是完整性，如何起势，如何表现高潮，如何收势，都要精心构思，反复推敲，犹如一首完整激昂的乐曲，起伏跌宕。其次要符合技击规律，注重虚实、高低、轻重、开合等变化，以及布局上的往返穿插，迂回转折，都要符合攻防原理。比如猴拳，便井然有序，衔接得非常巧妙。又如蛇拳，以蛇的“曲仰自如之态，左顾右盼之意”等动态特点创造而成。从青蛇惊醒、出洞、游行、觅食到“神蛇练月”“风蛇绕树”“玄蛇盘石”“腾蛇起雾”“白蛇吐信”等，数十个动作一气呵成，再加上蛇拳的手法、拳法，配合各种步型、掌型以及富有表达力的眼神，演练十分精彩。

武术中无论是拳术、器械，还是对练套路，都是从武术的实践出发，按照武术自身的规律形成的。因此无不布局完整，内在逻辑性强，充分体现了武术的结构美。

下　篇　武术传统理论思想

第一章　形神统一说

中国武术在实践中形成的形与神的高度统一和谐，体现了这项人体运动特有的民族风格。由于各拳种流派都有"形神兼备"的不同要求，它们的异同，便既构成了各自的特点，又汇综、提炼为一种武术理论，这就是"形神统一说"。

形神统一说中的两个基本概念是"形"与"神"。形，指武术运动中人的整体外部形象或形态。它可以是一个完整动作的静止形象，也可以是动作过程中人的整体运动形态，同时还包括腾空瞬间的造型，动作与动作的组合形态和整套动作的结构形态。神，是指人的精神、心志、意向等内在活动。它可以是流露在外，充溢于表的，也可以是潜藏内隐，含蓄深沉的。形与神的关系是武术运动人体物质与精神的对立统一。形具而神生，形是神赖以产生的基础，精神饱满、神气鼓荡取决于健全的形质，而武术美善的形质又是紧密依靠传神达意而完成质的飞跃的，这就是形与神的辩证关系。

第一节　五体匀称

武术是通过人体表现技击能力和各种技击方法、技巧的运动。人体在表现这项运动中起主要作用。正常人体由躯干、两上肢、两下肢组成。两上肢和两下肢以躯干为纵轴而左右对称，这种解剖结构的对称表明了人体的匀称、和谐和端庄。拳谱中将人体的这种结构称为"五体""五骨""五筋"。太极拳因动作处处带有弧形，称其为“五弓”。武术的动作与势式形形色色，但始终不离五体的变化，于是人们又将五体抽象为“五条线”，认为“五条线”是表示武术动作和势式的人体构架最基本的因素。武术技术图解知识中的单线图表示法就有这方面的示例，它们可以帮助人们初步认识武术的动作和势式。如用“一竖”表示躯干，用“横竖折”表示左腿弓，用“斜勾”表示右腿直膝扣脚，用“一横”表示左冲拳，用一个小“斜勾”表示右臂屈肘抱拳，这样由人体五条线变化而来的“左弓步左冲拳”就勾勒成了。但是这种一维线条难以全面反映多维空间的形质，它反映在人的实际视域中和作用于视觉思维的构图是苍白无力的，所以“五条线”的纯线条理论作用十分有限。武术运动外部形体的变化有其更丰富的内涵，它可以表现出立体感、力量感，甚至节奏感，也可以说具备了时空一体的多维表现力。用传统理论的说法，它是非线性的，“须备筋、骨、血、肉”。因此，理论上用“五筋”“五骨”“五体”表述更贴切。

武术运动是生命的运动，人体是筋、骨、血、肉的统一体，要在动静变化的运动中保持“五体匀称”是脱离不了这些生命因素的。“五筋”的筋，俗称肌腱或附着于骨头上的韧带，没有这些肌腱、韧带，人体的骨骼就会散架。“五骨”是指脊柱骨、上肢骨和下肢骨，没有这些骨骼的支撑，人体不可能直立，更谈不上武术的挺拔张展。可以这么说，骨是生命和运动的支点。“五体”是包含着筋骨血肉，包装得更丰满，且宜于与“匀称”联系起来的称谓，它不是简单含义的线条所能替代的，所以拳谱中说：“五体称乃可谓之形备。”

“五筋”虽然不是一个完备的称谓，但是武术的动作和势式常有勾扣翘绷、伸屈回折，这些都需要依靠筋节转换，由此构成棱角锋芒。而筋节转换的优劣程度和肌腱、韧带的柔韧性或伤病情形相关联，不注意“五筋”的锻炼与养护，动作势式该折勾的折勾不起来，该屈蹲的屈蹲不下去，动作势式的构架就谈不上“匀称”了。“五骨”也不是一个完备的称谓，但却是传统理论中颇为讲究的一种说法。旧称“骨法”就是针对“五骨”而言。骨法要求武术的动作势式具有风骨（包括骨力、骨气等）。风骨是武术整体运动中不可或缺的风貌和力度。骨不仅仅起支撑作用，武术动作和势式中的回锋折角均讲究“骨法”，都由骨骼的变化体现出架式的匀称。形意拳的三体式要求手尖、脚尖、鼻尖“三尖相照”，如果腕不塌（背屈），五指就不会上挑，手尖和鼻尖相对不起来，这样的三体式就不匀称。一个“马步架打”，左掌右拳，左肘微屈横掌架于头部的左侧上方，掌与脚相对，这个部位的姿势就比较匀称。倘若左臂僵直斜举超出马步，架子看上去较大，但越出规矩，布局就出了格。如果马步又蹲得太矮，上身就显得过长，那给人的视觉形象更不匀称。古人宋玉在赞美洛神匀称的体形时说过这样的话：“增之一分则太长，减之一分则太短。”体骨要匀称，骨架的结体布局很重要，因此五骨构架讲究“中和”。五体匀称则以筋骨血肉并提，主张“先仪骨体，后尽精神，有肤有血，有力有筋”，其形必须“方中矩，圆中规，自中绳衡平均施，敛束相抱，左右顾盼，八面供心”，每个动作和势式都要顾及空间的前后左右，上下高低，做到不偏不倚，中正安舒，势正招圆，形体工整。

五体匀称既是静止定势的形象匀称，又是“纵横有象”，静止性动作进入活动性动作过程的连贯形态的匀称。“体随势变”是武术运动的一条规律。“势正”是要求每一个动作工整，符合规范。势势相连，动作中或动作之间的运动过程形成“招”，“招圆”也是一种匀称。拳谚中还有“动圆定方”的说法，“方”是指方正、规矩，“圆”则有协调、和谐和匀称之意。八卦掌的传统特色是沿圆走转，在走转中换招变势，随走随变，且讲究“具三形备三势”。下盘腿脚如珠走玉盘，转如磨磨；中盘腰身如银蛇缠柱，游刃灵活；上盘手如拧绳，翻转旋拧。其身形要求顺项提顶，脊背团圆，两膀抱圆，虎口张圆，肩坠腰，腰坠胯，胯坠膝，膝坠脚，上中下三盘形成一个整体，身随步动，掌随身变，步随掌转，上下相随。不仅沿圆走转身体各部要“相随”，而且要“顺随”，即身顺首，脚顺膝，膝顺胯，胯顺腰，指顺手，手顺肘，肘顺肩。相顺相随，不逆不亢。这是典型的运动中的五体匀称，也可以说是圆的匀称。

第二节　形健质善

五体构形，形须健，质要善。健就是强壮。形健包括筋与骨的强壮。拳谚说：“外练筋骨皮，”形健是练出来的，由筋至骨再到外表的形(或称“皮”)。无力难以舒筋、撑骨、构形。力是强壮的重要标志。

先练筋力，力多丰筋。武谚云：“筋长力大”，“筋长一寸，力巧三分。”形意拳的三步功夫之一：“易筋”，要求“练之以腾其膜，以长其筋”，都说明练筋力要注意练“筋长”。筋的长短是柔韧性决定的。经过训练，人体各部位的韧带、肌腱的伸展性增长，关节的活动幅度也加大，这是人体各部位柔韧性提高的表现，有利于动作形体质量的改善。武术的基本功对腰、腿、臂、桩都有柔韧性的要求。腰功中的下腰练习，要求抬头，上体后仰，两手撑地成桥形，直膝，挺髋，顶腰，桥弓要大，尽量拉长体前肌群，这是一种静止性柔韧练习；甩腰是以前俯折体和后仰甩腰相结合，要求快速有弹性，是活动性的柔韧练习。腿功中的压腿，压至有疼痛感时停止不动，进行耗腿，以及腿功中的控腿、劈叉都是静止性的柔韧练习；而踢腿则是活动性柔韧练习。臂功中的压肩静耗是相对静止的，绕环、抡臂则是以肩关节大幅度运动为特征。桩功中的弓步易犯掀脚拔跟的错误，纠正的方法是提高踝关节的柔韧性，使后脚脚尖内扣，脚掌贴地，脚跟蹬地。而弓步后腿屈膝的毛病是由于沉髋后后腿肌群的柔韧性跟不上要求，所以无法达到挺膝用力后蹬的规范。仆步也有因柔韧性的缺陷造成动作形象不完美的，如平仆腿的踝关节韧带过紧，脚尖不能内扣或脚尖虽内扣，但却掀脚了。凡此种种都首先与柔韧性有关，也就是说与“筋长”有关。柔韧性好，动作就能按规范做得比较完美，弓步的后蹬之腿，仆步的内扣之足等等才会体现出应有的力度。武术基本功中动、静结合的练习方法，即注意了发展柔韧性，又注意了增强相应部位的力量，这就是筋长与筋力相结合。筋力与筋长一样都与塑造武术动作的形象有关。武术讲究“寸劲”，正踢腿要求“梢节起，中节随，根节追”，如果参与带动人体下肢髋、膝、踝等部位的筋节乏力，正踢腿就难以“起似箭”，直顺随，“追如风”，也就会影响正踢腿的运动形象。又如剑术中各种剑法的变化不仅需要指、掌的灵巧，手腕的活络，更要求手腕内有筋力。如一点一崩，一缠一截，剑法的技巧关键均在于此，亦称“腕力”。挂剑时的扣腕，回身劈剑时的旋腕也是手腕内的筋力在起作用，否则剑法不可能力点准确，挥洒自如。各种练习中的绑沙袋踢腿，持重器械做各种腕花、剪腕花等等都含有增强筋力的成分。俗话说：“筋伸骨节缩，筋灵力量实”，只有筋强力壮，武术动作才可谓之有形。

骨力相称，形势自生。人体靠骨骼支撑，武术靠骨力结架。骨无力则媚，因此武术传统的“骨法”主张“贯其力于股肱之中”，使人体四肢躯干常处于张力状态。形意拳的斜形如螺旋状的“螺丝拳”，腕须直，拳要紧，力量是贯注到拳的最前端。出掌腕要塌，掌要撑，掌心既有向前的顶力，也含有向下的按力。形意拳中还有一些动作讲究两手争衡对拔，彼此呼应，两前臂内外旋转，就像拧绳一般，以此充实钻翻拧裹的骨力。因之，形意拳论曰：“易骨，练之以筑其基，以壮其体，骨体坚如铁石，而形式气质威严壮如泰山。”八卦掌技法要求“三空三扣”。三空，是手心涵空，脚心涵空，胸心涵空；三扣，是两肩要扣，手心脚心要扣，牙齿要扣。其目的就在于使人体的上下肢和身躯的肌群处于张力状态之中，运动时轻灵圆活含蓄着沉稳之力，摆扣走转时五趾踩地，步如蹚泥，飘而不浮，柔而有骨。稳马硬桥是南拳的特色。南拳的扎马要求五趾抓地，腿力沉重，落地生根。而对肘臂桥手则要求坚硬精健。“手从胸口发，力从腰马生”，反映出南拳“发于腿，宰于腰，形于手”的骨力。“体刚劲粗”“动作紧削”都是南拳“骨力相称”的写照。太极拳也有“其根在脚，发于腿，主宰于腰，形于手指”之说。沉肩坠肘，使力贯串到上肢手臂；舒指坐腕，使力充盈于前臂指掌。太极拳的动作处处带有弧形，舒指坐腕时肘关节并不伸得很直，而是微屈。“肘不宜直，直则失力”就是太极拳外若优柔中实骨力的要领。武术中对上下肢骨力的锻炼有个传统做法，叫作“练功先站桩，大鼎增力量”，站桩是增强下肢骨力，拿大鼎是练就上肢骨力。拳谚说：“力生于骨，达于筋”，又说：“力由气生，气随意运。”综括之：“生力者，骨气。”无骨气，形格势禁，有骨气，才有形势和气势。形势生于骨力。长拳的马步要求“四平”：顶平、肩平、腿平、心平。顶不平，无以使头正，头不正，“目随势注”的“目”就没有“势正”这个基本条件，眼都不能平视，就很难形成气势。肩不平，反映上体骨力不匀；腿不平，说明下肢骨力不坚；心不平，则力难持久。因此，四平马的形势须臾不能和人体的骨力分开，只有骨力相称，势和体均，四平马的形势也就会自然地显现出来。再如：提膝亮掌，其形势如“金鸡独立”，要使该动作做得有形有势，支撑腿须直膝单腿立稳，提膝腿屈膝高抬，大腿几乎要靠近胸部，脚面绷平紧收，这都需要有较强的骨力和筋力，两者缺一不可。唯求筋骨有力，提膝亮掌才会紧健、峻拔、意态逼真，以“金鸡独立”之形喻势才名副其实。

筋骨立形，充实遒劲。武术的形质关键在于有没有遒劲。所谓“遒劲”，就是顿折须有圆转，有力而不露棱角，遒润而有骨力。它不仅是透于形体之中的筋力和骨力的结合，而且是人体筋骨血肉综合力气的表现。筋骨立形，五体匀称，形体工整，这是武术的基本规范。仅仅做到这些还不够，还应有“质”的要求。质，指的是筋骨充实了遒劲，遒者柔而不弱，劲者刚亦不脆，“筋骨遒乃可谓之质善”。遒，既有筋骨韧健有力之意，又指血之营运滋润，濡养筋肉骨骼，通利关节。所以武术中常说：“活血柔筋骨”，“筋骨活开好打拳”。血液的循行与人体血脉的通畅有关，而“心主身之血脉”，故有“其心动以诚，则支节必力，其心动以疑，则支节必背”一说。武术中的心“诚”具有主体内在体验的特征，是一种专心致志的自成之“诚”。形意拳就是以“心意诚于中，肢体形于外”，内意和外形高度统一而得名。古人认为，只要心诚，金石为开。既能做到心诚，四肢百骸，筋骨皮肉又何愁血气不能布达。心之诚就是要坚定不移，诚心诚意，始终不渝。初学者有的持之以恒，常年习武练功终于达到“体称劲遒”的要求，这叫作“心坚则精劲”。有的连半分钟的马步静站都坚持不了，不积跬步，何以至千里，自然谈不上强壮筋骨、支节有力。这是“心力”不坚的缘故。武术形体的任何运动都受心的支配，只有心正才能身正。“心若不坚则形无劲健也”，拳法很难达到质的高度。

第三节　意发神传

司马迁曾说:“形者,生之具”“神者,形之本。”中国的哲人从唯物观出发,认为形是神之舍、形是载神之车,神以形存。武术的“八法”:手眼身法步,精神气力功,首先就是以人体外形的手、眼、身、步作为锻炼的基础,然后再讲究“精气神”的。

以形传神。武术的动作和势式,如果只是做得工整端直,只重规范唯求形似,都远远不够。拳法不仅要求形健质善,而且要求形质成而神韵见。这意味着武术的形态和质感必须联络精神,成为表达内在心志活动的载体。武术的传神达意,就是通过动作势式的表现反映出武术的规格意识、劲力意识、攻守意识,通过手、眼、身法、步的协调配合反映出武术的技击意向、运动节奏、劲气势态和风骨神韵。

心动形随,眼随势变。武术中的计多拳种都讲心为主宰,认为形体动作是受心志活动支配的。八卦掌基本技法中的“十要三病”,第一要就是“要有意”,讲究意识引导动作。意是心志活动的具体化。查拳十字诀的“绵而不断意相随”,“巧中生智灵活用”都有心志活动所涵盖的意与智。形意拳的“内三合”首先就是“心与意合”。通臂拳也以“心法慧勇”为首务。太极拳则“以心行气”“用意不用力”,讲究“缓以会意”。华拳更强调“心统性情”“心动则气生”“心肃则神凝”。要使武术动作势式及其运动变化达到传神的目的,人的“心”(包括意识、思维、智慧等)就须起“统领”作用。如长拳中调节呼吸的“提、托、聚、沉”四法。倘若在做“起”的动作时主观意识还是“沉”住气,那么诸如腾身跃起的“二起脚”“旋风脚”等就难以有“旱地拔葱”般的利落以及“风卷霹雳上九天”的气势。在做“立”的姿势时没有将气“托”于胸廓的意识，挺胸收腹，峻拔撑展的动作就不易造型，试想气仍坠于腹，势必拔背松腰，“金鸡独立”的机警神态从何而来？在需要“击”的时候，不是下意识使身体的相关部位处于张力状态之中，骨力、筋力、肌力等都还是松弛的，击打的力量凝聚不到力点上，必然体现不出武术动作的本质。不能体现或表现出武术的本质，此形此态就是失神的。当作“伏”的动作时，如果不采用“沉”气的方法，而是想着下一个“起”的动作，超前地产生“提”气的意向，就可能南辕北辙，要求“伏如猫”的沉稳乖巧招势也就不会那么稳了，一旦失去稳态，神情必然失色。这样的形、神就叫作不合拍，而问题出在意与气不合。要做到心想事成，必须心意相合，意气相投。“心之官则思”，心是思维的器官。武术很讲究以人的思维活动带动形体运动。“出手打印堂，回手奔胸膛”是翻子拳指上击下的一种打法，目的十分明确，一是打脸，二是击胸。上肢拳法准确与否是随人的思维意向清晰程度不同而不同。意向模糊者，拳法乱而无章，出拳高低不分，没有上击下打的区分。完成得好的，一定是受意识支配，击拳的目标表达比较清楚。再者，下肢步法也受思维的支配。套路布局是否开展，四个方位是否都走到了？做得好的，心中有数，胸有成竹。哪个地方大跃步前穿既远又控制在不出界，恰到分寸；哪个地方行步应该走出弧形，避免直去直来没有变化；哪些步型应该低架式；哪些步法应该有高、中、低之分等等，无不由思维活动的指向所引导。武术中将这种现象称为“心动形随”。高水平的演练中特别能体现出外在形体运动的心路轨迹。一般来说，那些动作不讲求高、中、低之分的演练，很难给人以“动如涛”的感观，这也说明演练者没有“用心”，所以便“相形见绌”了。

炉火纯青的武术演练还有一件法宝，那就是运用眼神。俗话说:“眼为心之苗”,“神聚于眼”。通过眼睛的变化可以反映出人在运动中的心志活动。“眼随手动”是武术演练的一个基本要求。长拳技法要求达到“拳如流星,眼似电”,就是说长拳的拳法敏捷快速,视线要随着拳的“流星”般的出击相应地像“闪电”一样明亮锐利,要从锐利的目光中显示机敏的神态。南拳的“五合”,首先是“手与眼合”,要求目随手动,手到眼到。形意拳的“心要正,眼要精,手足齐到定要赢”,八卦掌的“心是帅,眼为锋”,眼敏,手敏,摆扣走转之中眼睛始终注视着手掌的变化等等,都是在强调手动眼随,手眼配合协调一致。拳谚云:“眼不随手走,精神不抖擞”,“眼随手动”,是以形传神的第一步。

武术中以手领眼的基本训练,如右手抖腕亮掌的练习,眼睛始终随着右手的下摆弧形绕环上举,屈肘抖腕而转动,两眼在抖腕亮掌的一瞬间猛然向左转头变脸注视左前方。除了这种采用单手“领眼”的方法练习眼神之外,还可以通过势势相承的双手交替动作以“随视”的方法锻炼眼神。比如太极拳的“云手”,当左手云至上方时,视线随左手不停地向左侧缓缓移动,当右手云至上方时,视线渐渐离开左手,随视右手,跟着两手的交替划弧翻转,视线周而复始地又从右手移到左手,由此形成节节贯串的手眼配合练习。“眼随势变”是以形传神的第二步。

武术是一项人的整体运动,所以眼睛除了随手而动外,还应该随着动作和势式的变化而变化,所谓“左顾右盼”“上瞻下视”“前观后眸”“远眺近睽”“正睹旁睐”等眼法就是这样产生的。

武术中有许多“意欲向右,必先往左”的动作。“靠身掌”应是“右肩背向前挤靠,右肘臂掤出,右掌甩摆”,主动在右手臂,宾动在左手臂的动作。但是做这个动作时得先将右臂外旋并屈肘，掌心朝上收于左臂下，目视右掌；然后右臂随上身右转成右弓步，直臂弧形向右前平靠摆出；左臂内旋直臂向左后摆动，左掌心朝下；眼睛则随右掌由左向右转动，注视右掌。“偷步撑拳”也是左掌先向左弧形摆出，右拳附于左肘处，眼看左掌；然后左脚从身后向右偷步，右拳从左向右弧形平摆撑臂，拳心朝下，左掌摆至右肩处，视线由左掌移至右拳。这些都是“欲右先左”的动作，于是眼神的变化体现出“左顾右盼”的眼法特点。而受“意欲向上，必先寓下”这一规律支配的动作，如“平搂扣腿夹抱——冲步抢手前搡”，右掌在抢手前搡之前平搂收抱于右腰侧，显然右掌从肩的高度平摆捋揽而下收到腰部，是做了“先下”的动作，同时右脚向左膝后部勾扣，目视右脚尖；然后右拳从腰部变掌平伸搡出，眼看右掌，这个由下转向上看的动作，眼神是“欲上先下”，反映出“下视上瞻”的眼法特点。又如“前去之中，必有后撑”的动作：“弓步冲拳——回身冲拳”，在完成回身前冲动作时，左拳不动，左臂在身后是撑直的。而眼睛在左弓步冲拳时，则先看右拳后看左拳，这叫“前观”，回身冲拳时眼看右拳，这叫“后眸”。再如猴拳、猴棍中手搭凉棚前后观望的动作，也是一种“前观后眸”的眼法，不过，转头变脸的速度要比前者快些。综括起来看，眼法与颈部的灵活性有关，涉及武术动作的意向。如果拳向左侧冲出，颈部却不运动，头不向左转，那就会形成“斜眼”眄拳的怪相，“斜眼”是不可能表达出正确的动作意向的。因此，传神达意的目光与头颈的转动是配合协调的。以形传神的眼法中还有许多讲究。比如：向前进攻的动作，眼睛一定要注视着前方，如果看着旁边，这个动作就失掉了进攻的意向。在前进动作过程中出现突然向后转身的动作，这意味着回击身后之敌，此时一定要先回头，目光向后一扫，然后再迅速转身接做下一个动作，如果不先用目光向后一扫就出手，这个回击的动作也就不会传神。

“目随势注”是以形传神的第三步。武术运动有活动性动作，也有静止性动作。活动性动作时要“眼随手动”“眼随势变”，静止性动作则必须使眼神向前凝视，目光中显现出“伺机待动”的意向。“意发于心，神传于眼”。只有这样的目光才具有心志活动的内涵，不是一味“静以全神”，而是“静中含动”，心志活动在含蓄静穆之中始终保持着战斗意识。“用志不分乃凝于神”。用志不分的表现形态是“注目”，如果一个静止定势动作的眼神是飘忽不定的，这种目光就称不上贯注了精神，而目光无精打采，也说明没有达到凝聚精神的目的。注目凝神，一是要“注”，二是要“凝”，两者都要专心致志。初级长拳第三路第四段由右仆步两臂向后抡摆做成“提膝挑掌”动作完成时，气上提而托于胸，胸挺背直腹收，顶悬颏收容正，目光注视前方，这样，无论从“气以实志”上讲，还是从外形姿势上讲，都具备了注目凝神、形以气充的要求，可谓“心到意到，意到气到”。还有太极拳的“虚灵顶劲”，要求头顶的百会穴处向上轻轻顶起，有自然虚灵之意。要做到这一点，首先要有头正、顶平、项直、颏收的意识，只有做到外形端正，精神才提得起来，才能达到聚精会神的目的。同时由于头部规整，目光才能平视，才会产生“神清目朗”的眼神。故拳论云：“打拳全是顶劲，顶劲领好，全身精神为之一振。”

神为精魄。也就是说形以神为精魄，神基于形而高于形，神若不和，形便显不出该有的态度和气度。从养生角度讲：“神不离身乃常健”；从武术运动的角度论：“神不离形风采存。”武术运动风姿万千，神和才能出奇绝放光彩。武谚云：“人由气生，气由神往，练气全神，可得真道”，说明了神气相守，息息相依的关系，意思是神气不二。

武术运动要求气脉不断，连绵相属。“气通乃生”“气畅拳顺，神气自和”。实质上“神和”就是指“神气之和”。“和”又可作“冲气之和”讲。“万物负阴而抱阳，冲气以为和”。武术的“用气贵乎急，运气贵乎缓”，缓与急就是阴阳的辩证关系。“鼻息无声神气守”也讲到气息的调柔入细，引短入长，正如拳谱所曰：“呼长吸短是阴盛，呼短吸长为阳足，缓急可以神其术，阴阳尽在一呼吸。”鼻息吐纳符合武术的运动规律，神气也就和谐自守了。司马迁说：“精神不用则废，用之则振。”武术之“神”在于常用，常用就能出奇、多彩、有味，这些都是精神振奋的标志。

“形断意连”“势断气连”“劲断意不断，意断神犹连”，这是武术形质与神气最奇妙的续接。没有哪一项体育运动有如此统一完美、风格独绝的特色。譬如长拳中的“打虎势”是一个静止动作，从“形”上来说它和后面的动作已经中断了，但是，拳谱中说：“不静不见动之奇”，如果此时将眼神凝视远方，心志活动表达出伺机待动的意向，那么“打虎势”这个动作就和后面的动作从“意”上连接起来了。再如“弧形步转身腾空摆莲”这个动作，如果头不回顾，眼不后眸，动作虽然没有间歇停顿的现象，但从形神的要求上看这已失去连贯。拳谚中说：“出奇在转关。”因为“转身摆莲”是个类似“回马枪”的动作，弧形步时眼向后看是表示诱敌深入，而后再转身向对方施展腾空摆莲腿。“弧形步”和“转身摆莲”的连接，正是由这个“意”连起来的。没有了这个“意”，摆莲腿就成了孤立的动作，气势就中断了。所以说这两例中的“眼神凝视”和“回头后眸”是“形断意连”的传神之作。它们起了承前启后的作用，又“不令割断神气血脉”。因此，“奇”就奇在形断了可以通过眼神把前后动作的意向连接起来。“势断气连”也是传神之奇。武术讲究“顺而不逆为势”，但演练时形式多样，有的以侧险为势，有的以顿挫为势，有的以灵变为势，不一而足。但是，无论何种运动态势，都要势势相承，贯串一气。有的动作逆阻而失势，气脉却仍然要连绵相续。如“震脚砸拳接做单拍脚”，震脚砸拳时其势中顿，意绪导气下沉，随之意领气提上步单拍脚，气势始终是相连的，而击拍干脆响亮，就更显得气足神威。又如“震脚缠腕接做飞脚高举腿”，震脚缠腕属擒纵拿打之类，一震一缠已构成顿挫，此时气息是聚之为用，随之劲气向飞脚发放，并高高地控住腿，其气势随眼神凝聚在那条腿上，势虽断而气不断，有劲气撼人之效果。此“奇”在于眼神与劲气使断阻之势变得耳目一新，振奋人心。“劲断意不断，意断神犹连”更是奇中之奇。竞赛刀术第一段的“弓步崩刀”动作完成之后，左手屈肘按于右手腕上，崩刀之劲已告结束，此时“目光先视右侧，然后转视左前方”，眼神由右侧移至左前方，表明劲虽断而意未断，接下的动作将从左前方开始。第四段的“旋转缠脖刀”没有特定的意向，旋转中无须眼神配合，但其急转的速度，将神韵带给了“接刀震脚弓步推掌”，给人以动迅静定的节奏感，耐人寻味，可说是“意断神犹连”。

武术运动丰姿多彩，多彩是指丰富的武术动作势式具有传神的风采。眼神、形质可以根据演练需要运用一定方法塑造，而气质则是演练者自身个性、素养和风格的综合体现。武术套路众多，个性柔弱者显然不适应激烈奔腾勇猛如虎的刀术；而性情活跃、浮躁者也难以出色地表现柔和缓慢、轻灵沉着的太极拳；正如形气未充，肌肤柔嫩，筋骨未坚，神气怯弱的小儿不可能对兼有跌扑滚翻和醉形醉态的醉拳、醉剑具有惟妙惟肖表演的火候一样。要在武术运动中表现突出的个人风格，除了个性要与演练形式、内容相适应外，个人的文化素养、学识以及悟性则是非常关键的。武术是一门学问，它既是人体运动之学，需要依靠发达、强健的四肢筋骨进行运动，也需要适应这项运动的人体内部脏器机能的支持，更需要人脑对武术运动的深刻理解和形象思维。没有思维和理解就没有意向、意识、意念等武术专门的心志活动，也就谈不上“意发”和“神传”。只竞尚形质，无视神采，武术的民族风格就有荡失无存的可能。因此，在选择相适应的形式和内容进行练习的同时，加强自身的文化修养和思维能力，是继续提高武术运动技术水平的深造之路。

中国人历来以“神”衡量一件作品、一门手艺、一种技巧、一台戏曲等的品位，同样，对武术运动的品评也是有这把尺度的。没精打采，神气不足的演练不能体现出民族的风格。武术中有许多象形取意或是以形喻势的动作，如“提膝亮掌”是一个“金鸡独立”势，提膝和抖腕做得敏捷快速，支撑腿站立稳定，眼神在抖腕一刹那随变脸注视体侧方。像鸡在奔走中突然听到什么，立刻停步蜷曲起一只脚那样，显示出机警安稳的神态。又如“旋子”打得又高又飘，给人一种“轻如叶”的感觉，像随风飘起的叶子那样轻松。再如“提膝点剑”，旧称“太公钓鱼”，其韵味出在剑法和专注的眼神上，酷似姜太公垂钓愿者上钩。太极拳虚实变换的步法，脚的提落移迈，就如猫伺机捕鼠时出步轻起轻落，给人“迈步如猫行”的神韵。

武术的动作势式可以给人留下深刻的影响和美好的回味，甚至整个演练使人终生难忘。唐代，吴道子在天宫寺作画，邀裴旻为之舞剑，品味其妙，顿时精神大作，“奋笔立成，若有神助”。当时的狂草“颠张”对剑术舞练也有一番共鸣：“观公孙舞剑器，而得其神”，“自此草书长进”。诗人杜甫看李十二娘舞剑器引发了他对童年观剑的美好回忆："昔有佳人公孙氏，一舞剑器动四方。观者如山色沮丧，天地为之久低昂。㸌如羿射九日落，娇如群帝骖龙翔。来如雷霆收震怒，罢如江海凝青光。……"无论"裴剑舞一曲，张书一壁，吴画一壁"，都以得神韵为满足，这是中国艺术大师们共同遵循的规律——追求"得心应手，意到便成"的境界。武术也不例外，它给人以"神韵"的回味，又以得"神韵"的追求要求自己。"意发神传"是武术追求的崇高目标。

第二章　拳法阴阳说

阴阳说起源邈远，它是在中国古人对两种对立属性或事物两两相对的认识基础上逐渐产生的。《易传》始分阴阳，迭用柔刚，即“立天之道曰阴与阳，立地之道曰柔与刚”。《系辞》中还将“阴阳”对立观念提炼上升为“一阴一阳之谓道”。“道”是中国古人追求的最高智慧和真理。将“阴阳”纳入“道”的范畴，说明对立统一的传统哲学思想已经成为解释一切“阴阳”现象的理论依据。

庄子称：“《易》以道阴阳”（《庄子·天下》）。这位伟大哲人在吸取《周易》阴阳辩证法的同时，总结了当时徒手相搏中的另一种取胜之道，提出了与“执技论力”（《礼记》）、“以力相高”（《谷梁传》）截然不同的观点：“以巧斗力者，始乎阳，常卒乎阴，泰至则多奇巧”（《庄子·人间世》）。这条理论运用了阴阳学说，首开以中国哲学解示拳理之先河。同时它继承了老子的“柔弱胜刚强”（《老子》三十六章）的策略思想，提出了“以巧斗力”的理论创见。我国太极拳“四两拨千斤”的理论渊源可追溯到此。出自东汉赵晔笔下的“手战之道”：“道有门户，亦有阴阳，开门闭户，阴衰阳兴”（《吴越春秋》），也继承了《周易》的“一阴一阳之谓道”的辩证思想，揭示了手搏、剑道等手战之技必循的运动规律。其中“内实精神，外示安仪，见之似好妇，夺之似惧虎”。丰富了《庄子》“后之以发，先之以至”的技击观。内与外、后与先等矛盾范畴的确立，使阴阳学说在武术理论中进一步得到阐扬。

第一节　一阴一阳之谓拳

（一）阴阳立说。《周易》概括了阴、阳既矛盾对立又和谐统一的规律，精练地称之为“一阴一阳之谓道”。所谓道，就是阴阳变化的规律。《周易》对这个规律的研究达到了很高的水平，其中的辩证思想十分丰富。中国武术基于对这个普遍规律的认识，仅改动一个字，将“道”字改为“拳”字，称“一阴一阳之谓拳”（《太极拳图书讲义》），认为阴阳之道是武术运动的规律。这种认识不仅限于一个拳种。形意拳论说：“在拳中，形意、八卦、太极三派之一体也。虽分三体之名，统体之一阴阳也。”形意拳在论捶兼论气时讲：“气不能无呼吸。吸则阴，呼则阳。”“上升为阳，下降为阴。盖阳气上升而为阳。阳气下降而为阴。阴气下行而为阴。阴气上行而为阳。此阴阳之分也。”《两仪歌》中也讲到阴阳与拳法的关系：“鹰熊竞志，取法为拳。阴阳暗合，形意之源。”八卦掌是以太极之理立论的拳术。“易有太极，是生两仪，两仪生四象，四象生八卦”（《系辞》）。太极为元气，元气一分为二即是阴仪和阳仪。阴仪用“— —”表示，称作阴爻；阳仪用“—”表示，称作阳爻；由此构成八卦和六十四卦的全部“卦符”。而所有的卦，都由阴爻和阳爻两种符号组成。所有的卦象无一不是阴与阳的对立统一体，如乾为阳，坤为阴。卦位的排列也无一不是以阴阳为基础，如乾为阳位南，坤为阴位北。卦序本身亦有阴阳之分，如乾一为阳，坤八为阴。从《周易》的卦符、卦象、卦位、卦序可以看到阴阳学说的全部基本要素。八卦掌不仅“理根太极”，“立体于卦形”，它的沿圆变转的运动形式，实质就是阴阳转换，“左旋之则为阳仪，右转之则为阴仪也”(《八卦拳学》)。这是八卦掌区别于其他拳术的基本运动特征,也是它的技术基础。八卦掌以八卦之数比附八种基本掌法,以八八六十四卦之数比附八组每组八掌的六十四掌,据此规范随走随变的各种掌法的层次性。“拳以太极名,古人必有深明乎太极之理”,此理就是《太极拳论》开宗明义所说:“太极者,无极而生,阴阳之母也。”将阴与阳统一于太极之中,这个太极统一体就是太极拳,因此又可叫作“一阴一阳之谓拳”。太极拳“实天机自然之运行,阴阳自然之开合也,一丝不假强为,强为者皆非太极自然之理,不得名为太极拳”。这就是太极拳以阴阳立说所要遵循的自然而不强为的运动规律。华拳也讲究“拳法之阴阳”,认为“有了阴与阳的对立统一,才会有运动、有变化,才会产生功用来”。少林武术理论亦以阴阳立说,《少林寺短打身法统宗拳谱》论及“立身立足之法”时指出:“人一身伫立之间,须要配合阴阳,方知阴来阳破,阳来阴破之妙。若不明阴阳,则无变化之妙,而有呆钝之嫌。先贤曰:‘敌未交手,便知胜败。’乃明阴阳之理也。”

(二)阴阳互根。所谓“互根”是指阴与阳互相依存、互相制约。“万物负阴而抱阳”(《老子》),“独阴不生,独阳不长”(《吕氏春秋》),“阴在内,阳之守也;阳在外,阴之使也”(《素问·阴阳应象大论》),总之,阳根于阴,阴根于阳,无阴则阳无以生,无阳则阴无以化。陈鑫的太极拳论中就有基于这一思想而发的“阴阳互为其根,不可分为两橛”的论述。“不可分为两橛”的意思,“是所谓:‘阳中有阴,阴中有阳。’此即太极拳之本然”。因此又有“阴阳合德”之说:“阴阳所存,无迹可寻”;“阴阳并用,不偏不倚,无过无不及”;“阴阳互用,天道所藏”等阐发。任何事物都有阴、阳两个方面,《太极拳论》在提出避免犯双重之病时,明确指出:“须知阴阳。”阴阳互根,绝不是“双重”。“双重则滞”，动作就会不流畅，不顺随。无论什么拳种，无论什么动作都有阴有阳，而不能以阴对阴，以阳对阳，阳阳或阴阴就是犯了“双重”。比如脚的起和落是阴阳的区分，有起有落才有高低的变化；脚的左、右迈步才有前进，如果只有左脚迈步，右脚始终不动，动作就停滞了。因为阴阴总是阴，阳阳总是阳。所以武术理论强调“阳不独立”“阴不自专”。“阳得阴而后成，阴因阳而后行”，其中奥妙就在于“阳遇阴则通，遇阳则阻”。太极拳谚“脚踩阴阳手划圆”，正好道出了太极拳行步必循的阴阳规律。有的拳种讲“足打七分手打三，胜负全在阴阳间”。拳谚指出：“手到足不到则枉然，足到手不到也枉然”，还批评：“有进无退徒拼命，有退无进似逃命”，认为“肩打一阴返一阳”“胯打阴阳左右便”“手脚齐到方为真”；“进步占势，退步避锋”“更走阴阳诀，请君要熟识”。器械的使用也要求：“阴阳要转。”棍术中的阴阳手握法，梢把互用，长短兼施，长击远打与滑把近击，都有阴手与阳手的变化。长兵短用，短兵长用，更是“阴阳互根”的典范。

（三）法于阴阳。武术的四击、八法都贯彻着阴阳真诀，“以从其根”。“踢、打、摔、拿”谓之“四击”。踢，“打人全凭连环脚”和“高练低用”，“脚踢手不出，打人必负输”等都含有阴阳规律，“连环脚”“脚手齐出”诸法无不效尤阴阳之道。打，“上打咽喉下撩阴”“上惊下取君须记”“长拳照架子打，短打遇空子进”“长手以卫短，短招以救长”“招式分左右，手法别阴阳”。摔，“右一晃，左一搬，用腿一绊敌就翻”。拿，有顺拿、反拿，有拿就有解，俗话说：“无法不成擒和拿”，讲究方法，就要“一抓二拿紧贴身，阴阳之间定输赢”。“手眼身法步，精神气力功”谓之“八法”。手，“手快打手慢，手长打手短”“出手如钢锉，回手如钩竿”“前手领，后手追，两手互换一气催”，还有

"前手如管，后手如锁"的长兵持握法。眼，百拳之法，以眼为尊。"眼为一身之日月""天凭日月人凭眼"。《系辞传》："阴阳之义配日月"，天地日月是最大最显著的阴阳，以此喻眼，可见"目为神首"的地位。还有"察机在目""眼快招法快""手眼相随，形神合一"之说。身法，陈鑫说："一开一合阴阳备"。"合便是收，开即是放。能懂得开合，便知阴阳"(《五字诀》)。"反身顾前后，侧身顾左右""含、挺、收、放，身法别忘""进退闪躲凭身法，若无腰腿便无神"。步，"短对长，脚下忙""步不稳则拳乱，步不快则拳慢""进步要紧跌，退步要松身"。精神，"精养灵根气养神""积精积神如积金"。神注于练，更重于养，"直颈拔顶贯精神""精要盛，神要紧""神如捕鼠之猫，形如搏兔之鹘"。气，"一物二体，气也"。元气之中含"阴、阳二气"即为一解。"拳打一口气"又可添作一解。气畅拳顺，气阻功滞，因此，"夫气主于一，实分为二，即呼吸也。呼吸即阴阳也"。太极拳理论主张人身任、督二脉可分可合，"分之以见阴阳之不离，合之以见浑沦之无间"，明任、督以运气保身，打拳以调养气血，舒畅经络。力，有气才有力。"力是先天本能，劲是后天练成""劲走圆，力走直"。力要顺达，"顺力破之为巧，逆力破之为拙"。"刚力直竖，势如撞针""柔力短缩，活似簧机"。太极拳理论认为："有力打无力，手慢让手快，是皆先天自然之能，非关学力而有也""阳不离阴，阴不离阳；阴阳相济，方为懂劲"。功，"打拳不练功，到老一场空""无气不是功，无功不成拳"。功有内功和外功之分。内功主练气，即"内练一口气"；外功主练筋骨皮。内功多主静，为阴柔之功；外功多主动，为阳刚之功。但"功宜纯"是要求内外合一，正如《少林拳术秘诀》所说："外功之练习，乃肉体筋骨所有事；而内功之修养，实性命精神所皈依，离而二之，则为江湖末技，合而一之，则为神功。"

举凡上述种种拳论、拳理、拳谚，其中反映的各种击法、技法无不体现出阴阳变化的规律。阴阳哲理在解释拳理过程中拓展出形式各异的矛盾对立因素，大大丰富了武术理论，而“一阴一阳之谓拳”则是武术理论经过高度概括的精髓。

第二节　二而为功

二而为功说是拳法阴阳说的扩展。阴阳范畴是武术理论的内核，武术运动由各种矛盾对立统一的运动组成，因此运用各种矛盾范畴表述阴阳思想，就形成了涵盖众多矛盾对立因素的二而为功说。“二”应理解为互有联系的“二”。有了“二”的对立统一，才会有运动，有变化，才会产生功用来。武术以技击为主要内容，进攻与防守是其中最突出的一对矛盾。

中国技击术讲究“手似两扇门，全凭腿打人”，手要起关门闭户的严密防守作用，腿在手的配合下发挥“一寸长，一寸强”的攻击威力。手足的配合蕴含着攻守的内在联系。俗话说：“胳膊拧不过大腿”，因为腿比手臂更有力量和长度，所以拳谚上讲：“宁挨十拳，不吃一脚”。但出腿不得法也会吃亏。技击经验告诉人们：“起腿三分险”“高腿三分灾”，传统技法要求：“抬腿不过脐”，强调腿要“高练低用”。同时又指出：“上肢不到，腿脚何益”“手不封闭难进身”。上肢首先是起防护作用的，要求“拳不离口，肘不离肋”“上保咽喉下保肾，左右两肋中当心”。形意拳也讲究“两肘不离肋，两手不离心，出洞入洞紧随身”。拳谚中还有“不画圆不成拳，敌手来了无法拦”的说法。所以手法严格规定：“高举不过眉，低按不下脐，左右不出肩窝”。另外，“两手运转，上不过眉，下不过膝”“上下一条线，两手围着纵轴转”也是手法防卫应循的守则。前人在总结手足攻防时写道："上惊下取君须记，左足擦地蹬自利""不是肩肘能破敌，一足蹬倒凤凰台"。总之，手的上护、上领、上引、上惊等等都是为了更好地施展腿脚，只有上下配合默契，手足的攻守才符合法度，才能体现技击的功用。

所谓进退"得势"，就是顺。"进如风雨，退如山岳"，可谓"得势"。进退在于步，拳谚曰："宁可无拳，不可无步""技击步为先"。步的进与退是武术运动最基本的矛盾，没有进退就无所谓运动，没有进退就难以反映出武术特有的动静疾徐、刚柔虚实诸多矛盾的对立统一。戚继光在《拳经·捷要篇》中说："手法便利，脚法轻固，进退得宜。"拳法的便利显然与步法有关，"步快则拳快，步不快则拳慢"，所以人们常说："输在慢上，赢在步上。"步法既然那么重要，也就会有一些具体的要求。"进步宜低，退步要高""前窜一文，后退八尺""步大不灵，步小不稳""迈步如犁行地，落地如树生根""发步进人须进身""身趋步不踊，不败也狗熊"以及"步赛粘"等等都同进退能否得势有关。行家观拳往往"先看一步走，再看一伸手"，其规律有"逢闪必进，逢进必闪""逢进必跟，逢退必撤"。进步不仅要有"脚踏中门裆里钻""硬打硬进无遮拦"的气势，还要注意"步实""步稳"和"步活"。步不实则拳散，步不稳则拳乱，步不活则拳不灵，所以步法的前进既须气势更须顺势，做到步实、步稳、步活才符合"顺"的要求。同样，退步也要有章法，行家认为"斜撤得横，直退易溃"，并指出"硬打不如巧躲闪"。退步一般是为了躲闪，要做到巧躲闪就经常要使用活步，斜撤就是活步让位"得势"的一种方法。这样既能避敌锋芒，又能使自身占据有利位置还击对手，由此掌握主动，而直退很可能陷于被对手"一掌不到二步跟，二掌不倒步步跟"的危险境地，使之脚步失衡被击溃、击倒。因此，要保持身体的平衡稳定。"退如山岳”，便是针对退步提出的恰当要求。没有大山那样的稳固，就难以窥测对手的动静，伺机进攻还击。从这个意义上说，“进退得势”不仅互有联系，而且是辩证的。

起落有致。有致就是有意态。“起如猿，落如鹊”的意态是跳起之势，要有猿猴纵身时的那种机灵、矫健、敏捷的意味和动态；落降之势，要像喜鹊飞落到树枝上时的那样轻稳、均衡。起与落是必然王国中最明显的矛盾之一，自由落体法则规定了有起必有落的趋势。起与落的联系在武术运动中就更加显而易见了。“风卷霹雳上九天”和“枯树盘根就地缠”是旋风脚接坐盘的诗的意境。“上天”和“下地”是不可抗拒的规律，这一规律在武术运动中比比皆是，如旋风脚接做马步、旋风脚接做劈叉、二起脚接做歇步下冲拳等都讲求高起低落、起快落稳。

起落还可以理解为手的起落和脚的起落。“出手打印堂，回手勾鼻梁”是连击手法，印堂在上，鼻梁在下，打了上面的目标又不放过下面的目标，这是中国武术“犯了招架，便是十下”的体现。出手打上可谓“起手”，随之击下可谓“落手”，因此有“手起如箭落如风”的褒美。从中可以知道手法的起、落与技击意识是多么密切相关。“足起提膝，近便跪膝，膝起望怀，脚落近移”中的提与跪是腿的一种起落形态，提膝的攻防意向：一是防对手腿击保护自己，二是用膝攻击对手的心窝；跪膝是四击中摔法的一种，名叫“跪腿小得合”，主要是采用盘跪的方式使对手仰倒；“脚落近移”的意态则是为了配合手的揪、拉、攥、拿，以便缩短力矩实现跪打的进攻目的。

轻重相同。“轻如叶，重如铁”是十二型中以形喻势的一对矛盾。在武术运动中，轻重这对矛盾经常出现。明朝唐顺之有一首描述拳术演练的诗，诗中有“忽然竖发一顿足，崖石迸裂惊砂走”之句，写了“顿足”的沉重气势和威力。古人早有“击石拊石”、“踏地为节”的习俗，利用手的拍石和脚的踩踏形成运动节奏。而武术中也有类似表现。从“击拍”“踏地”“顿足”乃至现代套路中的“震脚”“拍地”等，人们常在轻、重之间选择，突出“重”，借此比较“轻”，从而形成顿挫。套路运动的节奏变化有多种表现形式，其中“快动→中顿→加速→急停”，“慢动→加速→中顿→再加速→急停”等都与轻重转折的顿挫手段有密切关系。所谓“中顿”，就是在一串组合动作的运动过程中有一个明显的短时间小顿。在编排套路时，人们往往利用“震脚”“拍地”“砸拳”的中顿效果增强套路的节奏感。

武术中不是每一个动作都具有顿挫性，顿挫性动作必须具备一定的条件。武术技法要求：“轻似随风絮，重若千钧铁”。“震脚”“拍地”“砸拳”等动作能使运动过程的轻、重之分明朗化，因此具备了顿挫性动作的首要条件。这类顿挫性动作充分体现轻、重的对比关系，鲜明地突出“重”的因素，在猝然、短暂的停滞后，如同打开闸门奔泻而出的洪流一样，很快就促成运动状态和节奏的转折变化。譬如“抡臂砸拳”接做“弧形步”就属于“先沉重后轻快”一类的节奏变化，而“跃步抡臂仆步双拍掌”的“跃步”则要求既轻又远，成仆步后，双掌由上向下拍击地面要有“泰山压顶”之势，却是一种“先轻后重”的节奏变化。高高打起的旋子给人的视觉感官以轻轻的叶子随风飘逸的感觉，而紧接着做的“上步拍脚”，击拍响亮有力，在视、听两方面都给人留下“重”的深刻印象。套路里由于各种动作的先后衔接，其中不乏轻、重，或是重、轻之对比。轻重相间，构成了此起彼伏、铿锵有力的运动节奏。

缓疾对比。武术的运动节奏有许多对立统一的因素在起作用，除了轻重对比之外，缓疾对比也是其中之一。“缓如鹰，快如风”就是这种对比的生动写照。缓慢之势，像鹰隼在空中盘旋那样精神贯注，慢而不懈地寻找着猎物。疾速之势，像疾风那样摧枯拉朽，快速利落。大多数拳术都讲究快疾。“拳似流星，眼似电”是讲求眼明手快；“踢腿带风，出腿似箭”是讲求腿法飞快神速；“脚底如鱼窜，打人似闪电”的关键，也在于“胜人全凭脚下疾”。步法迅速可得时得机。得时，是说当对手有隙可乘，于我有利时，步法不能狐疑不决，“时难得而易失”，步法迟疑则失时，失时则不胜。得时无怠，步法就要快。得机，“遇时不疑，有利不失”，在相搏的时空上是“先后不容瞬，远近不容分，先之一刻则大过，后之一刻则失时”，“间不容息”，恰得其宜，抓住机遇，全仗步法之快。然而，快是在抓住时机恰到分寸的快。比如“寸劲”，即指动作行将结束的一瞬间爆发的力量，而动作开始时则是放松的，相对比较慢，有了这样的慢才有击中目标时的快。在套路运动中这种快慢对比更加清晰，快是主要方面，慢是次要方面，没有慢就不能很好地体现出快，快是由于慢的映衬才显得突出。这就是缓疾对比中这对矛盾的辩证法。

第三节　动迅静定

《孙子》曰：“是故始如处女，敌人开户，后如脱兔，敌不及拒。”三国的曹操概括为“处女示弱，脱兔往疾也”。成语“静如处女，动如脱兔”便源出于此。清朝王宗岳在《阴符枪谱》中，借用这句成语阐明枪法的原则。其他诸如南北少林武术中的“守如处女，出似脱兔”“动如脱兔，瞥如飞鸿”“静如处女瞥如鸿”之说，都同出此源。《孙子》还论及“击空虚要“其疾如风”，“守”要“不动如山”。武术长拳十二型中“快如风”“静如岳”的传统说法与《孙子》所云极为相似。《吴越春秋》中越女的“见之似好妇，夺之似惧虎”之句，也论述了剑术技击中“动”与“静”的规律。武术的发展长期受到我国古代军事科学的影响，因此它的理论深合兵法是十分自然的事情。汉朝司马迁在《史记》中追述了西周沿用夏朝的“击刺之法”作“夹振之而四伐”的情景：一击一刺，作奋疾状，“舞虽奋疾而不失节，若树木得疾风而不拔”。由此可知，两千多年前在带有列阵作战色彩的击刺训练中，对“动”与“静”的技术已经有相当严格的要求。唐朝诗人杜甫的《剑器行》对“剑舞”的“动”与“静”也有形象的描绘，“来如雷霆收震怒，罢如江海凝青光”生动地再现了中国古代剑术的动静之妙。这一切都说明武术运动的“动”与“静”是有规律可循的。

武术的流派众多，各种套路千姿百态、绚丽多彩，对“动”与“静”都有具体、形象的要求。查拳强调“行如风，站如鼎”；华拳讲究“动如奔獭，静如潜鱼”；意拳有“动如山飞，静如海溢”的要求；八卦掌注重“桩如山岳，步似水中”“掌如穿梭”“动静圆撑”等运动技巧；就连一气呵成的翻子拳，亦有“行如风雷动似雨，坐似泰岳静如山”之说；太极拳也要求“静如山岳，动若江河”“一动无有不动，一静无有不静”。这些都显示了一条基本道理，那就是“动要迅疾，静要稳定”。

动迅静定是武术运动“动”“静”规律的简练概括，它深刻地反映在各种技术特点之中。武术手、眼、身法、步都要求“快”。拳谚曰：“手捷眼快”“趋避须眼快”“眼快招法快，手快思维快”“出手似闪电，回手似火燎”“双拳密如雨，脆快一挂鞭”“拧腰顺肩急旋臂”。“胳膊像车轮”，抡臂“转如轮”。拳来不能防因其快，箭来不能躲因其疾，故又有“出拳似放箭”的比喻。“拳贵神速，劲发宜促”“出拳似有声”“疾上尤加疾，打上还嫌迟”等等都具体反映出“快”的特点。身法上也讲究“眼一转，周身动”“进身攻宜快”“身动如风”“腰似蛇行”“腰活一闪过，制敌有把握”，任何迟疑都有悖“动”的原则，要么不动，一动无有不动，迅如惊雷。腿、步也离不开“迅速”二字。“起腿能生风”“收腿快如风”“起如箭，落如风，追风赶月不放松”是讲腿的“动迅”；脚步更重要。拳理中常说：“身随步换”“步到身随”。身法既要快，步法更要快。“手随步开，眼随手走”，手、眼都要快，“步不快则拳慢”。总之，闪展腾挪全在脚下功夫，手眼变化有赖步法迅疾快速。

脚步不仅要“快”，而且要“稳”。“足稳身不摇”。怎样才能做到“足稳”呢？拳谱载：“趾不仰，跟不拔”“五趾抓地头顶天”“五点金落地，落地如生根”“金钩入地得太平”。单腿支撑的动作要“膝盖坚挺，如树生根”，也有形容为“立如鸡”的。十趾抓地的马步要“扣足展膝，稳如泰山”。大凡两足桩功都有“稳如铁塔坐如山”的要求，“步子站，好比山”，正是这个意思。只有“稳”了，才能做到“静定”，才能在活动性动作向静止性动作过渡的一瞬间，由激烈运动转变为纹丝不动的定势。

动静讲究“动韵静势”。对“动迅静定”不能仅从简单意义上去理解，而应该有更深一层的认识。“动迅”不是一味的“快”，而是快慢对比之下显示出来的“快”；所谓“动”也是“动中有静”之“动”。只有“动中存静意”，“动”才不至于“妄”，“快”而不至于“毛”，处处体现出“动则有法”。“静定”，虽然要求动作戛然而止、纹丝不动，但却又是“静中有动”，即所谓“静中寓动机”，表现出战斗的意向。拳法阴阳说揭示的规律：“动则生阳，静则生阴，一动一静，互为其根。是所谓：‘阳中有阴，阴中有阳’，”正道明“动不舍静，静中含动”之理。长拳理论在以形喻势时将“动如涛”置于十二型之首，要求运动之势像江海的波涛那样激荡，滔滔不绝。波涛的此起彼伏就是节奏，“两波之间有一伏”就是相对的“静”,波涛的汹涌激荡就是力度,节奏和力度组成了韵律。因此,“动迅”的含义就是“动要有韵”。太极拳中说:“动之则分,静之则合”。合者,“非但合之以势,宜先合之以神”。故“静定”不仅是“静要有势”,而且其“势”是贯注了精神,充满了活力的。也就是说,静止定势时不但要合其四肢手足,且要合其全体之神。“静如岳”是形容静止之势犹如大山那般巍峨,似乎任何强大的力量也推它不动。静止定势很多,如“立如鸡”是形容单腿独立之势,显示出动作的安定稳固和机警的神态,此时的“静”是“以静待动”,一旦发生什么情况就会很快做出反应。“站如松”是形容两脚站立之势像劲松那样刚健挺拔,在静止中傲然富有生气,给人一种勃发的生命气息。这种气息显然不是死水一潭,而是“静如海溢”,内含无法抗拒的巨大力量。静止动作做到这种程度,可算是“静中有势”“静中有动”“静以全神”了。拳谱中还说:“不静不见动之奇”,就是说“动”与“静”始终是密切联系在一起的,“动韵”不仅取决于自身快慢的韵味,还有赖于“静势”神韵的衬托和“画龙点睛”的表达。

第四节　刚柔相济

《周易》认为:“刚柔者,昼夜之象也”,将刚柔比作昼夜。既然白天与黑夜可以相互转化,那么刚与柔也是可以相互变化的。于是“刚柔相推而生变化”,成了“君子知微知彰,知柔知刚,万夫之望”。主张人们既应了解柔可胜刚,又应了解刚可胜柔。明代俞大猷的《剑经》中谈到刚柔的运用,“刚在他力前”是说趁对手尚未发力使招、相对柔弱之时先发制人,这就是刚可胜柔;“柔乘他力后”是避实击虚,抓住对手旧力已过、新力未生之机后发先至，这就是柔可胜刚。戚继光在《拳经·捷要篇》有一句要言："而其柔也，知当斜闪"，把柔可胜刚说得更具体，意思是指对手攻来应侧身闪避，用柔化法使其刚劲走空，同时进行还击。对手进攻时势在必取，用力刚猛，此时不能以刚对刚，而应以"斜闪"柔化之，待其旧力已过，新力未生，由刚强转变为柔弱时攻击之，使自己由原来的"柔"转变为"刚"。太极拳理论总结为"人刚我柔谓之走"，这个"走"就是"走化"对手的刚劲，在走化之中造成"我顺人背"的有利于我方的形势，即我方走顺劲，对手走背劲，使对手陷于被动，有力无处用，这样"人刚我柔"的矛盾就会发生变化，由"极柔软，然后能极坚刚"。俗话说"软绳能捆硬柴"，道理就在这里。"欲刚先柔""柔顺济以刚直"是太极拳推手的过人之处。"四两拨千斤"，"四两"可谓力小、柔弱，"千斤"可谓力大、刚强，但是，偏偏"任他巨力来打我，牵动四两拨千斤"，这是柔化中"引进落空""借力发人"起的作用。太极拳就是这样实现着刚柔的转变，用《周易》的话说："刚柔相推，变在其中矣。"

刚柔讲究适中。拳法阴阳说包容着刚与柔，刚为阳，柔为阴，亦可谓阳刚和阴柔。武术理论中常说的"柔中寓刚，刚中寓柔"就是"阴中有阳，阳中有阴"的思想。因此，拳论中指出："纯阴无阳是软手，纯阳无阴是硬手""唯有五阴并五阳，阴阳无偏称妙手"。还指出："用刚不可无柔，无柔则环绕不速；用柔不可无刚，无刚则摧迫不捷。"太极拳、形意拳、八卦掌等拳术的出拳和伸掌，手臂肘关节都要求微屈，即使出击时肘关节也不伸直，这叫"劲以曲蓄而有余"，是刚中有柔的表现。刚直易折，所以这些拳术都讲究"随曲就伸"。放长击远的拳术，其冲拳、击掌也是先松柔，后紧刚，即"柔过劲，刚落点"，在爆发"寸劲"的过程中由柔转刚。陈式太极拳讲究"显刚隐柔，杨、吴、武、孙四式太极拳则以柔和运动为主，但在完成某一势式时意识会想象将隐于内在的全身之力聚之于一点上，如“形于手指”。这一瞬间的遒劲就称作“刚”，没有这一点“刚”，太极拳的“柔”就是偏柔，也就违背了“无过不及”。

“过”即过分，“不及”即不够。“无过不及”就是既不过分又无不够。这是孔子提出的“允执其中”(《论语·尧曰》)的思想。武术理论吸取了这一思想，认为对刚、柔等的处理要有一个适当的标准，这个标准就是“中”，超过这个标准就是“过”，没有达到这个标准，就是“不及”。“不得中行而与之，必也狂狷乎！”狂，急躁冒进，偏刚；狷，拘谨畏缩，偏柔；两者都“不得中行”。在事物相对稳定发展的情况下，“适中”的原则有利于事物的平衡发展，而超过或达不到“中”的限度，事物就会走向反面，因此寻找一个适当的标准，掌握适当的分寸或程度，具有合理性。在刚与柔的问题上，武术主张不太柔，也不要太刚，刚柔宜取“中和”。因为“纯柔纯弱，其势必削；纯刚纯强，其势必亡；不柔不刚，合道之常”。不柔不刚是一种“不偏不倚”的说法，实践中往往是“量度以取中，然后用之”。“量度”应该做到“毋意，毋必，毋固，毋我”，既要遵守一定的标准，不能自以为是，又不要固执不化，一意孤行，拘守某一固定的标准。在适度的前提下，要有一定的灵活性。这样的“取中”才能达到刚、柔“中和”的目的。

刚、柔是对立统一体的两个方面，“刚能济柔之偏而不致于弱，柔能泄刚之偏而不失于强”“用刚相济柔力，用柔相济刚力”，以至“看似至柔，其实至刚；看似至刚，其实至柔。刚柔互运，无端可寻”，这样的刚柔相济才是最好的中和之道。

第五节　虚实分明

示虚还实。“示之以虚”起源于古代剑客“上斩颈领，下决肺肝”的生死搏刺。越女在谈论“示之以虚”时曾有“见之似好妇”的说法，因为看上去像一个手无缚鸡之力的女子，往往会使对手麻痹轻敌，失去应有的警觉和防备，造成有利自己的形势，这在战术上是胜人一筹的。无独有偶，要离对这个话题也有一番精到之说：“我临敌先示之以不能，以骄其志；我再示之以可乘之利，以贪其心”。“能而示之不能”是一种“示之以虚”；“示之以可乘之利”，则将“空虚”或“破绽”暴露给对手，引诱对手出击，这也是一种“示之以虚”。示虚是假，还实是真。示虚就是为了还以实击。“夺之似惧虎”是在“见之似好妇”的假象之下，给对手意想不到的突如其来的打击，使对手看到这种进攻就像看到猛虎一样可怖，从而惊慌失措，猝不及防。而要离的策略则是在“先示”和“再示”的情况下，“待其急切出击而空其守，我则乘虚而突然进击”。这里的“乘虚”就是趁对手“空其守”，无防备而攻击之，以达到“开之以利”的实在效果。

避实击虚。善于避开对手的长处，攻击对手的短处是其一。《少林拳法应敌歌诀》有“若要短拳敌长手，跟身到腋是良方”。对手擅长手，采用绕环步“跟身到腋”，闪进避开对手拳锋，从其所出手的外侧击其肋部或腹部，以发挥自己短拳近身进攻的优势。正如歌诀所云：“他拳放过须忙进，腋下轻舒难抵挡”，“他拳放过”实质是“避实”，“腋下轻舒”是“击虚”。如果对手惯用高踢，就必须注意躲避其腿的攻击，在躲过腿击的同时用抄腿抱摔使对手倒地。对手出腿是“实”，此时“硬打不如巧躲闪”，但“起腿半边空”，对手的下盘又只有单腿支撑，重心处于不稳定状态，只要抓住其“虚”还之以“实”，对手高踢的优势就会转变为败势。善于避其锐气，击其惰归是其二。对手体力充足、猛打硬拼的对手，采用迂回周旋，消耗对手体力、以逸待劳的方法避其锋芒、候其力竭气衰、反应减慢时聚积自己的力量打击他的要害，务求必胜，这就是“尽敌阳节，盈吾阴节而夺之”。

虚实相生。虚、实是拳法阴阳说中的一对矛盾，但它又与其他矛盾因素紧密联系。以“形”而言，拳法认为“有形为实，无形为虚”“虚则难攻，实则易破”，因此主张“搏贵无形”。以“真、假”论，假为虚，真为实。示假隐真，能而示之不能，采用“大勇若怯”“大智若愚”的战术方法造成对手错觉，从而隐蔽自己的真实意图，最后出其不料，战而胜之。从气势体力的“强、弱”上讲，强为实，弱为虚。从劲力上说，刚为实，柔为虚。甚至“进、退”也有虚实之分：重心前移的迈步为实，重心后移的撤步为虚；侧进时，重心在右脚，右脚为实，左脚迈步为虚；左脚踏实右脚提起向左侧移步时，左脚为实，右脚为虚。总之，虚实包含了武术运动的方方面面。为此，太极拳论指出：“虚实宜分清楚，一处自有一处虚实，处处均有一虚实”。“开合虚实，即为拳经”，“其屈伸往来，收放擒纵，不过一开一合与一虚一实焉已耳”。

然而，虚实是“因势制宜”的，根据形势的变化，虚可变实，实可变虚。比如：出手击人，人若防之，实手变虚；人若未防，虚手变实。武术注重“出手不离腿，打人只一着”，出手上引时，对手举手招架，胸肋空虚，一脚侧踹即可重创，这就是拳经上说的“手动有踪影，腿动无真形”。上引之手为虚，同时出击的腿为实，在这一招中就是“虚中有实”。太极推手要求：凡搭手时须用意念贯劲掤住，这是预防对手一搭手就猛烈进攻。武禹襄总结为:“一举动,惟手先着力,随即松开”。李亦畬在《五字诀》中也说:“彼有力,我亦有力,我力在先;彼无力,我亦无力,我意仍在先。”这里说的搭手“掤劲当先”是“实”,而“随即松开,保持不犯硬不软化,谓之“掤劲不丢”是谓“虚”,搭手之间的这一讲究就是“实中有虚”,保持高度警觉。陈鑫赞曰:“实中有虚,虚中有实,太极自然之妙用,至结果之时,始悟其理之精妙。”在武术中,虚、实无处不在,我们既要分清自身的虚实,又要分清别人的虚实,做到虚实分明。而且虚、实又是互生的,虚中有实,实中有虚,节节贯串,环环相连,如循环之无端,大有“阴阳不测谓之神”的意趣,这就更需要我们用心观察、体悟和钻研,努力做到对“虚实分明”心中有数,不断地提高自己辨析虚实的思维能力。

第六节 内外合一

心身交益。古人认为人的身、心是交融相通的,并且视宇宙为“大天地”,将人身当作“小天地”,因此产生了“我体合于心”“天地交而万物通也”的认识。传统哲学、医学都明确指出:“心者,形之君也,而神明之主也。”而“经脉者,以行气血,营阴阳,濡筋骨,利关节者也”“所以决生死,处百病,调虚实,不可不通”。“心身交益”就是建立在这种以“心”为主导,赖经脉维系基础之上的理论思维。心身交益的一个方面是修身,但是,欲修其身须先正其心。《内业》中讲了这样一条道理:“主明则下安”“主不明,则十二官危,使道闭塞,形乃大伤。”可见“心”为主导的重要性。“正心”须“定在心中”,这样才能思虑平,五脏宁,心身相通,才能“机枢调利而百脉九窍莫不顺”,“筋骨健强,耳目聪明”。武术具有健身的价值,因此格外重视心身交益的作用。太极拳以“心静体松”为要旨，要求“心劲一发，而周身之筋脉骨节，无不随之”，并在理论上阐明：“周身之劲往外发者，皆发于丹田，向里收者，皆收于丹田，然皆以心宰之，处处皆见太和元气气象”“若究其原，周身元气皆出于肾”“养于胃”“藏于肝”“涵泳于心”“壮于胆”“运于脾”“佐以大肠”“又辅以小肠”“以上经络，皆有益于拳”。华拳以“心为主宰”立说，指出：“心统性情，一身之主宰也”，强调“心正而后身正”“心动则气生”“心坚则精劲”等。形意拳因“心意诚于中，肢体形于外”又称“心意拳”。通背拳也讲究“心法慧勇”，以心志活动为首务。许多拳种在理论上都讲“心身合一”，在技术上又都实践着“心身交益”。心身和谐统一，互补得益，是武术健身最重要的内容之一。

外顺内合。心身相合是辩证的关系，武术的行拳走势素有“外不顺，内不合”的戒教，要求“外顺内合”。外顺，是指“进退和顺”“用力顺达”。外顺与人体的上、下肢的运动有关。如上肢的甩手、抖手等动作要求“梢节起，中节随，根节追”，三节催劲，力才能顺达。下肢的弹踢，“起于根，顺于中，达于梢”，三节贯通，才能力达脚尖，劲顺而不僵。武术是人体的整体运动，除了上下肢，还须与躯干协同配合运动。因此，武术理论中有“以首领身、以腰催胯、以胯催膝、以膝催足、以肩催肘、以肘催手、以手催指”的整体要求，即“身顺首、脚顺膝、膝顺胯、胯顺腰、指顺手、手顺肘、肘顺肩”的“七顺”之说。内合，是指在外部形体运动顺而不僵的情况下，人体内部机能才会发挥充分作用。长拳调节气息的方法就是根据外部动作的起、立、击、伏，采取提、托、聚、沉的内部呼吸之法的。试想冲拳“击”的时候，如若不是采用“拧腰顺肩直旋臂”的外部正确动作，即使内部“聚”足了气，也很难充分做到“力达拳面”。这就是说需要内外相应，借此提高武术动作的质量。要提高动作的质量，还要讲究当外部动作的“形”与“形”间断时，“意”的作用要紧接着从内部体现出来，这叫作“形断意连”。此时心志活动比较明显，以协调外部动作之间的贯串完整、一气呵成。当外部动作的“势”与“势”间歇时，内部气脉要连绵相属，以意导气，促使气势不断，势势承接，这叫作“势断气连”。这里的“内合”含义就是“心与意合”“意与气合”；当需要爆发出打击的劲力而聚气时，或是动作过程中以气催力时，则要做到“气与力合”；综括为“内三合”。此外，一些拳种中要求的“舌顶颚”“肛上提”“气实腹”“神内敛”等都是“内合”的具体化，它们均需有“外顺”这个条件才能较好地完成。如“顺项提顶舌顶颚”，“顺项提顶”就是“舌顶颚”的外顺条件。又如“圆裆松胯肛上提”“含胸拔背气实腹”“外示安逸神内敛”等等无不与“外顺”这个条件紧密联系在一起。武术的“舌顶颚”是“常以舌舐上腭，聚清津而咽之”。据《保生要录・调肢体门》说：这样可以“润五脏，悦肌肤，令人长寿不老”。《红炉点雪》中也说：“常练此法，可使五脏邪火不升，四肢百骸气血流畅，根除疾患，诸病不生，老而不衰。”而“肛上提”“气实腹”“神内敛”又都同拳谚“内外功二十六宜”中的“肛宜常提”“气宜常养”“神宜常凝”如出一辙，历来都是武术健身的法宝。

内外兼修。荀子的《修身篇》中提到“以治气养生，则身后彭祖；以修身自强，则名配尧舜”，说明当时的治气与修身，有主于内、外修炼之别。但是，即使“危坐拭目”“闭气内息”，也常伴有“摩搦身体”的外练，虽以攻“内”为主，然兼顾到“外”亦属自然。武术理论中很早就有“内志正”“外体直”的习练要求。“内实精神，外示安逸，……布形候气，与神俱往”。某种程度上也是兼修内外。明代的“峨嵋道人拳歌”进一步显示出这一特点："百折连腰尽无骨，一撒通身皆是手"是外练，鼻息无声神气守"是内修。尚武之士在这种"内外兼修"的氛围之中，常亲身实践而受益匪浅。宋代的陆游善骑射精剑术，一生多才多艺，享年八十五岁，这跟他"不动成罴卧，微劳学鸟伸"不无关系。"熊经鸟伸"的内养之功和挥剑奋戈的武功相辅相成，使他延年益寿。清代许多习武者除了飞拳击腿、舞刀弄棒，还坚持"夜中坐功""默坐运气"，内功调息成了他们每日的必修课。近人姜容樵称其师"每日早先习此，后练形意，五十年如一日"。正如《苌氏武技书》中所说："炼形以合外，炼气以实内"，武术界的有识之士都懂得这个道理。武术中许多拳种都可以内外兼修、一举两得。"峨嵋道人拳歌"中讲的即是一例。太极拳"以气运身，务顺遂"，也是外练内修的拳术。长拳的"外练筋骨皮，内练一口气"，以及"外练手眼身法步，内练精神气力功"等都是强调"内外合一"的练法。但也有像陆游等分而练之者。少林拳把这种既练外功又练内功，或是同时内外一起修炼，称之为"合而一之"的"神功"。武谚告诫人们："练拳不练功，到老一场空"，言下之意是：练功要坚持内外功的锻炼，缺一不可。只有"内外兼修"，才能使武术更具魅力，更臻完善，更有益于人体健康。

第三章　守柔处雌说

武术攻防格斗以老子“反者道之动”为原则，吸取了诸家兵法的合理内核，形成了“守柔处雌”的战略战术理论。

事物不仅是对立的、统一的，而且是运动的、发展的，并逐步地向其相反的方向转化，这是自然法则，亦是老子人生观“法自然”的哲学思想。“正复为奇”“善复为妖”“祸兮福所倚，福兮祸所伏”(《老子》五十八章)。老子认为，正阵可以转化为奇阵，善良可以转化为妖孽，祸中伴随着福的征兆，福里潜伏着祸的根苗。根据这一转化规律的认识，提出了“反者道之动，弱者道之用”(《老子》四十章)的观点，意思是说，道的运动是“反”，是向相反的方向转化，事物强大了就会衰老，有意造成事物的强大是违反道的原则的，因为会促使它早日结束生命。老子认为，在自然界，新生事物总是柔弱的，而柔弱的新生事物总是充满生机、充满活力的，所以柔弱是“生”的自然法则，故此在《道德经》第五十二章中提出了“守柔曰强”的人法自然法则，并且通过生活实践，观察各种自然现象，提出“天下莫柔于水，而攻坚强者莫之能胜”(《老子》七十八章)，意即看上去水是最柔弱的物质，而能攻破各种坚硬之物。“万物草木之生也柔脆，其死也枯槁”(《老子》七十六章)，意即幼苗虽柔弱，可它能逐渐壮大，而一旦壮大则逐步走向衰亡。根据这些自然现象，老子提出了“柔能胜刚，弱能胜强”的理论。“知其雄，守其雌”“知其荣，守其辱”“知其白，守其黑”，(《老子》二十八章)，安于守雌柔，安于处卑辱。这种守柔处雌，崇弱尚下的观念对武术的拳理法则影响是极大的，“以静制动”“以柔克刚”“后发先至”“崇下尚退”的战略战术思想都是这一观念的推广应用。

第一节　以静制动、以柔克刚

一、以静制动

《老子》讲“致虚极，守静笃，万物并作，吾以观其复。夫物芸芸，各复归其根，归根曰静”。虚静是道家与道教追求的一种高深境界。武术，特别是内家拳法，非常强调“静”。李亦畬《五字诀》云：“一曰心静，心不静则不专，一举手，前后左右，全无定向，故要心静，起初举动，未能由己，要息心体认，随人所动，随屈就伸。”许禹生注《太极拳经》云：“盖万物之理，以虚而受，以静而成，天地从虚中立极，静中运机，故混沌开，而阖辟之局斯立，百骸固，而无之藏自立，无不从虚静中来也。重阳子曰：‘此言大道之原，而功先于虚静，虚则无所不容，静则无所不应。’由是观之，习太极拳者，倘以虚静为本，则分合变化，自无不如意也。”徐致一《太极拳之练法》则云：“虚静……乃太极拳最精微处。虚静者，即实中求虚，动中求静之谓也。初练时，势势揆其用意，是从实处练也。今当并此形迹而泯之，故谓之实中求虚。太极拳开式时，曰由静而动，收式时，曰由动而静。今则式式之中，处处皆当作由动而静想，务使一切姿势，皆有动即是静，静即是动之意，故谓之动中求静。”内家拳法强调静，是因为静方能致专，静方能领悟技法真谛，排除杂念，使精神意志集中，用意识引导动作，从容自如，势正招圆。正如拳谚说：“只要性心与意静，自然无处不轻灵。”太极拳要求“外动内静”，动中求静，以静御动，虽动犹静，外动是形体运动，内静是精神内守，是以人的身体和心灵来体验动静运动变化。

武术是以踢、打、摔、拿、击、刺等为主要内容，以套路和搏斗为主要形式的体育项目。无论是势势相承的套路运动还是实战的搏击运动，都要体现武术攻防的技击特点。特别是在实用中，为了攻击对手，必须采用最有效的方法，使对方失去反抗能力。“以静制动”就是武术技击战术之一，早在春秋战国时期越女的剑术理论就有论述：“凡手战之道，内实精神，外示安仪，见之似好妇，夺之似惧虎”（《吴越春秋》）。说明静中含机，待机而动，动而先至。《峨嵋十二庄》也说：“静如秋月，动如飚风，彬彬克敌，分寸之中。”

总之，静是指体力上的放松与心理上的平衡，并非完全不动，静是战术，动是目的，只有心静才能明了千变万化的格斗形势，不失时机地运用各种武术技法克敌制胜。

二、以柔克刚

老子说：“天下之至柔，驰骋天下之至坚”；又说：“柔胜刚，弱胜强。”并提出一系列柔弱胜刚强的原则方法。许禹生《太极拳经详注》云：“太极拳常以小力敌大力，无力御有力，弱胜强，柔制刚为其主者。但以常理言之，小因不可以敌大，弱因不可以胜强，柔因难期以制刚，然云敌之、胜之、制之者，必有其所以制胜之理在。盖敌力须加吾身，方能效力。苟御制得道，趁其用刚发动之始，审机应变，采取擒获，使还制其身，则我虽弱，常居制人地位，敌虽强，常居被制地位，难于自由发展，力虽巨奚益。”陈振民、马岳梁《吴鉴泉氏的太极拳》云：“练太极拳时，最忌用力，务使全身松开，气血贯注，日久自然练出内劲，这种内劲是很柔的，遇敌时不含抵抗力，能随敌劲以为伸缩，所谓柔中而有弹性。”

武术攻防对抗中，采取“以柔克刚”的战术，是守、柔、退、弱的战略战术思想，不是单纯的消极防守，而是以守为攻，以弱胜强，以柔克刚，以屈待伸。

以柔克刚的技艺境界对练拳者提出了更高的要求。譬如身法：要灵活，似游龙，如飞凤，轻快若风。手法：强调手要随心而动，击出似闪电，出手不见手。步法：足要随心踩步，步走奇正八方，罡步九宫，使对手迎之不见其首，随之不见其后。心理上：要求不怕近，不怕刚，不怕猛，顺乎自然，因势利导，彼不动，我不动，彼动我先动。关节：要求颈、脊、腰、肩、肘、腕、膝、胯、踝等能灵活运转，达到不是转圈、胜似转圈的程度。所谓"如珠走玉盘，九转还原"。内功：要求内练精、气、神三华聚顶，外练力、速、变，达到意动形起、神到敌绝的上乘功夫。发劲时似乎柔软如绵，实则坚硬如铁，能做到这样则是内功与外功融为一体了。迎敌时要以变应变，随境而化，随意而变，随心所欲，似攻似守，似发似收，犹如水之无所不至，气之无所不入，迎敌则无所不适，克敌则无坚不摧。只有这样，才能达到以柔克刚，以弱胜强，或以静制动的目的。

以静制动、以柔克刚的战略战术思想在实战和演练中主要体现在以下几个方面：

其一，"柔中寓刚"，或曰"外柔内刚""刚柔结合"。柔是气，刚是力，以气化力。看似柔弱如绵，实则坚硬如铁，表面看来柔弱，内里却充分发展生机，达到内功与外力融为一体，不让人看见其形，便于随机应变，克敌制胜。

其二，"避实就虚""四两拨千斤"。当气势汹汹的对手进攻时，不是正面迎击，而是腾挪闪战，引进落空，抓住空隙，自然借力，花小的力气战胜强大对手。这就要求在技击时，避其锋芒，虚于周旋，达到"人不知我，我独知人"。要像庄子《庖丁解牛》中指出的"目无全牛"那样，把对手不是看成一个完整的人、不是完整的动作，而是有隙可乘，游刃有余，这样才能避其实，乘其虚，避其强，击其弱，战而胜之。

其三，“虚灵顶劲”。老子说：“虚其心，实其腹，弱其志，强其骨”(《道德经》第三章)。心与志，指的就是虚灵；腹与骨，指的是实体。武当拳讲究虚灵，就是要求虚心好学，清静空灵，切忌高傲自大，杂念纷呈。同时，还要注重内外兼修，做到实其腹，使腹内松静，行气直养，丹田充盈；做到强其骨，使行气贴背、敛入脊骨，技击时才能力由脊发，形于手指。总之，虚心弱志与实腹强骨的统一，在练功时，叫作“内练一口气，外练筋骨皮”；达到了“虚灵顶劲”的地步，技击中才能看似柔弱平和，却含有强大的爆发力。

其四，“动静自如，以静制动”。这里，动静与刚柔的辩证关系是“动生刚，静生柔，动极则生柔，静极则生刚。“以静制动”是内家拳“以柔克刚”的拳理在技击中的具体运用。这就要求身法、眼法、步法、随心而动，随意而变，随境而化，自然而然，似攻似守，似发似收，水流云绕，动静自如莫测端倪。同时，静观默察，以逸待劳，寻找空隙，抓住战机，制敌于擒扑封闭。

第二节　后发先至、崇下尚退

“后发先至、崇下尚退”的战略思想受到了道家与道教理论的深刻影响，老子在《道德经》中反复阐述了一种“后”“下”的观点。他说“吾有三宝，持而保之；一曰慈，二曰俭，三曰不敢为天下先。”所谓“慈”，就是要像父母慈爱子女般，爱护宇宙万物，维护宇宙的和谐；所谓“俭”，要求清心寡欲，澹泊自守；所谓“不敢为天下先”就是要谦虚祥和，柔弱自守。否则，不愿落后，而事事争先，就会导致死亡，即“舍后且先，死矣”。老子还以江河作比喻，认为它在下流，所以才能成为“百谷之王”。老子认为，要想作百姓的君王，必须言语恭谦；要想站在百姓的前面，必须把自己放在百姓的后面，即“是以欲上民，必以言下之；欲先民，必以身后之”。对君王的要求如此，对统帅的要求也是如此，“善用人者为之下。”这种从“后”、从“下”的思想用于战争，就是不取攻势而取守势，不轻易前进却愿后退，即“吾不敢为主而为客，不敢进寸而退尺”。根据这些理论，老子又提出了“骄兵必败、哀兵必胜”的观点，即“祸莫大于轻敌”“衰者胜矣”。深刻指出喜欢逞凶者死，善于退让者生，即“勇于敢，则杀；勇于不敢，则活”。

少林以拳勇名天下，然主于搏人，讲究“先发制人”，而内功拳系在技击时，则讲究“后发制人”“崇下尚退”。为什么同是武术拳系，在技击战略上却出现如此相悖的理论呢？究其原因，主要是内功拳系受传统哲学影响，讲究动静、阴阳、刚柔、强弱的辩证关系。传统哲学认为，动之始生阳、生刚、生强；静之始生阴、生柔、生弱。而动之极则生阴，生柔、生弱；静之极则生阳、生刚、生强，这就是“物极必反”。《庄子·论剑》云：“夫为剑者，示之以虚，开之以利，后之以发，先之以至。”许禹生《太极拳经详法》则云：“倘敌欲发我，则应心中坦然，审候应机，静以俟之。微动即应，所谓后人发，先人至是也。”徐致一《太极拳浅说》云：“先下手为强者，以快为胜者之说法也，太极拳则一反其意，以后下手为主，盖所以待敌之劲而利用之也”。“太极拳以不先发劲为主，遇敌来击，先以化劲化之，待其不稳，从而击之，则用发劲。”明代俞大猷在《剑经》中亦说：“技击关键不外乎‘后人发，先人至’一句，问如何是顺人之势，借人之力？曰：明破此则得其至妙之诀矣。盖经知他出力在何处，我不于此处与他斗力；姑且忍之，待其旧力略过，新力未发，然后乘之。所以顺人之势，借人之力也。”《十三势行功心解》云：彼不动，己不动；彼微动，己先动”“因敌变化示神奇也”。后发之所以先至，其前提是“顺人之势”“引进落空”，就是根据对方的意图，诱敌深入，在避实就虚的情况下，取得有利条件，迅即转守为攻。其中包括识势、得机、乘隙、择途、逞技的全过程。

“后发先至、崇下尚退”的战略思想在拳法中亦有体现，内家拳有高、中、矮，上、中、下三盘之说，尤重下盘、矮桩。太极拳之“十趾抓地，足心涵空”，八卦掌之“曲腿趟泥，迈步猫行”，形意拳之“脚打踩意不落空，消息全凭后足蹬”，无不证明“下”之重要，中国武术几乎所有的流派均重视桩功，重底盘，也与崇下观念有关。

第四章　尚武崇德说

武德,即尚武崇德的精神。它是武术界共同信仰的一种言行准则。习武者按它修养身心,规范举止,品评善恶。

孔子提出“忠恕之道”和“爱人”。“夫仁者,己欲立而立人,己欲达而达人”(《论语·雍也》)。这是“忠”。“己所不欲,勿施于人”(《论语·颜渊》),这是“恕”。实践了忠恕之道,也就实现了对他人的爱。《论语》载:“子张问仁于孔子,孔子曰:‘能行五者于天下,为仁矣,请问之’曰‘恭、宽、信、敏、惠’。”《论语·子路》有:“刚、毅、木、讷、近仁。”显然仁包括了仁爱、朴实、宽言、坚实、谨慎、谦逊等一系列内容,是一个含义极广的道德范畴。武德的观念,正是以这些内容为主体而构成的。

武德是尚武与崇德的统一。千百年来武术界把“崇尚武德”作为一种民族的优秀传统,不断发扬光大,具有鲜明的时代特征。武德的产生与武术的发生发展是相适应的。武德的发展可以分为四个阶段:①萌芽阶段:以原始人的劳动和斗争为前提,产生了武术的萌芽,同时也孕育了武德。②形成阶段,是以武德教育和武德标准的出现为特征的。左丘明在《左传·宣公十二年》中对武德内容进行了明确规定:“武德有七,禁暴、戢兵、保大、定功、安民、和众、丰财。”这是我国最早的带有条款性的武德标准。③发展阶段,武德长期发展于封建社会,带有深刻的时代烙印,大多以尊师重道、孝悌仁义、扶危济贫、除暴安民等为信条,但也必须承认:门户之见,骄矜保守,江湖义气便产生于此。应该说带有典型的封建性、离散性和狭隘性。④提高阶段，新中国成立后，武术得到了健康的发展，武德也开始注入时代的新内容。

在武术发展的过程中，各门派均订有自己的“门规”和“戒约”，有所谓的“三不传”“五不传”“十不传”，有“五戒约”“八戒约”“十戒律”以及“要诀”“禁忌”等等，虽然这些清规戒律有多寡之分，但其内涵集中表现了人类精神与信念的社会基础伦理，突出的是儒家仁学。

第一节 尊师重道

自古以来，武术界非常重视师承关系，强调“凡吾习武之徒，必须以贤为师，谦虚好学，尊敬师长，崇扬武德”(《少林武术新戒约》)。武术正是在这种严格的、特定的师承关系约束下，在民间广泛传播与发展的。“尊师”，即尊重师长，一般指晚辈对长辈的俗成礼仪，从学校和武术界来讲，泛指学生对老师、徒弟对师傅的固定礼节。“重道”，即尊尚武道、爱好武术与道德修养，泛指人的品格与技能兼修的境界。按照儒家人伦的要求为中庸之道，谦虚恭敬、重视和合。这实际上体现了“仁”的基本内容之一。武术界讲究师徒间、朋友间的礼仪。最早的《少林十禁约》其开篇即为“一禁叛师”，说明“师徒如父子”的亲源关系的重要性。《少林十戒约》(宗法第一时期)云：“平日对待师长，宜敬谨从事，勿得有违抗傲慢之行为。”《少林十戒约》(宗法第二时期)云：“尊师重道，敬长有爱……。”“一日为师，终身为父”。尊师早已成为武林的传统。与人交往则提倡谦逊的作风。《少林十戒约》(宗法第一时期)云：“对待侪辈，须和顺温良，诚信勿欺。”著名武术家孙禄堂曾提到：“所谓武德，应包括两个内容，一为手德，一为口德。口德，就是要谦虚，“不可妄论他人之短长”(《精武》1986年第2期《孙禄堂——一代武术大师》)。现代人将武德概括为口德、手德、心德和公德四方面。其中口德,即不以语言伤他人,不议论别人的武功好坏。常有“祸从口生,无端伤人,必招风树乱,自陷孤立”;“禁妄言”;“严禁排斥别派言行,团结同道,互助互帮,共同提高技术水平”(《少林习武新戒约》)等要求。《永春白鹤拳,懔十戒》有“戒私斗、戒好胜、戒好名、戒好利、戒骄、戒诈、戒浮夸逞能、戒弄虚作假、戒挑拨离间、戒为非作歹”。其中有一半内容与要求谦虚有关。与人为善并不只是态度上的谦虚,而是一个人持身修养的必然。著名武术家佟忠义所著的《武术须知》云:“满招损、谦受益,古训昭然,信不我欺。况以世界之大,人类之众,得天既有独厚,习艺复有专精。从来绝技,不乏女流。自古奇技,多出僧道。勿以貌而取人,当虚怀而潜修。所谓良贾深藏若虚,大勇恂然若怯,盖造诣愈深,其涵养力愈大也。”清代学者纪昀则在记述一个孔武有力的武士之死时说道:“盖天下之患,莫大于有所恃。恃财者终以财败,恃智者终以智败,恃力者终以力败。(《阅微草堂笔记·滦阳续录》)”这段话竟被后来的武术专著专论一再引用,可见武林后学于此之重视。另外,武林多主张“不可轻显其技”,要求谨守儒家“有若无,实若虚”之训言,强调谦逊应是主要的原因。《少林拳术秘诀》载:“昔张全一先生与一贯禅师,相与往来二十余年,各怀神技而皆深藏不露。后因他友言及,始各道平生”。这样的事情虽然未必值得提倡,但从其中却仍能见到一种使人敬佩的精神。

从不同门派的要求看,武术界的师承关系是以“家长制”和“互尊制”两种形式并存的。

第二节 谨慎择徒

择徒是严格武德的第一关口。武术界有"未曾学艺先识礼，未曾习武先明德"，"武以观德"等之说。众多的门派，其拳谱家法开章明义几乎无例外地是阐明武德。丹鼎派有"内象入门，须明八字"，八字为"功、拳、药、械、法、地、侣、财"。功，不只是通常所指的内功、外功、软功、硬功、轻功等，最主要的是功德。传自清末民初著名武术家孙禄堂先生的"卐"字手，取其名不仅是因为这种拳法的手形似"卐"字，而且据说也是要合于"卐"字本义的缘故。"卐"字音"万"，佛教讲"卐"字形是释迦牟尼胸前的瑞象，唐玄奘将之译为"德"字，全称是"万德吉祥"。"卐"字手的历代传人都没有违背当初创始人的一番苦心，而要求承传人习练此拳时首先要有高尚的武德。一如孔子重仁而在政治上主张"德治"一般，武林重德，武德观念存在本身就说明了武德和孔孟儒家仁学伦理的一脉相承。

武林技术倘若落入不轨之徒手中，自然极有可能会做出各种损人害人之事，从而有违"仁"之宗旨，所以中国武术各门各派授徒无例外地均严于择人。《少林十戒约》(宗法第一时期)第九条云："凡俗家弟子，不可轻以技术相授，以免贻害于世，违佛氏之本旨。如深知其人，性情纯良，而又无强悍暴狠之行者，始可一传衣钵。……此吾宗之第一要义。"《少林十戒约》(宗法第二时期)第七条云："传授门徒，宜慎重选择，如确是朴厚忠义之士，始可以技术相传，惟自己平生之得力专门手法，非相习久而最深者，不可轻与相授。吾宗之主旨，更宜择人而语，切勿忽视。"张孔昭《拳法拳经备要》云："贤良秘授纾危困，邪妄休传害众生，大道等闲若轻授，须防九族尽遭刑。"《峨嵋枪法·戒谨篇》云:“不知者不与言,不仁者不与传。谈元授道,贵乎择人。”《永春白鹤拳·拳谱》云:“不信者不教,无礼者不教。”武当派有五不传:即骨柔质钝者不传;心险者不传;好斗者不传;狂酒者不传;轻露者不传。《昆吾剑箴言》更具体规定了十种人不传:“人品不端者不传;不忠孝者不传;人无恒者不传;不知珍贵者不传;文武不就者不传;借此求财者不传;俗气入骨者不传;市井人不传;拳脚行不传。何也?恐有玷昆吾之高尚也。”没有合适的传人,甚至“宁可失传,也不轻传”。《昆吾剑箴言》指出:“可传之人不传,失人;不可传人而传,失剑。如认人不真,宁失人不失剑。”授艺之前,武林传统是先教以武德,树立根本。苌家拳《初学条目》便规定:“学拳宜以德行为先,方是正人君子。学拳宜发涵养为本,举动间要平心气和,善气迎人。”《永春白鹤拳·拳谱》则讲习拳要持四善:“善修其身;善正其心;善慎其行;善守其德。”在这种思想的长期熏陶下,武林人士多效仿古代仁者作风与为人。不少著名武术家终生道德情操亦值得称道,堪为师表。至于武林败类,轻者逐出师门,重者废去其艺或受到惩处。白秦官、甘凤池、吕四娘等江南八侠中的七人围攻击毙八侠之首的恶僧了因和尚;南少林五祖击杀卖身投靠清廷、出卖少林的采花大盗马宁儿,便是无数这样的传奇中最典型、最脍炙人口的故事。

谨慎择徒作为一种手段,有效地限制了不法之徒跨入武林大门,保持了武林的纯洁。

第三节　除恶扬善

武林历来视不讲武德者,视豪门恶棍为不共戴天的仇敌。为抑恶行善,各门派均有相应的要求:诸如“不得恃强凌弱,任意妄为”;“济危扶倾,忍辱度世”;“为人正直,见不平之事,遂挺身而出”(《王征南墓志铭》)。这些规范、戒律,要求习武者主持正道,扶弱压邪,集中体现在“仁”与“勇”的结合。

孔子云:“仁者必有勇”(《论语·宪问》)。讲明了“仁”与“勇”的辩证关系。如果一个人有了“仁”心,他便能嫉恶如仇,在向不合规范制度的人或事做斗争时勇敢无畏。孟子则据此提倡“大勇”,即“安天下之民”的勇,而反对“小勇”,即“敌一人”的“匹夫之勇”(《孟子·梁惠王下》)。一本于此,历代武林都以大勇为追求目标,而以小勇为戒。《少林戒约》(宗法第一时期)云:“纵于技术精娴,只可备以自卫,切戒逞血气之私,有好勇斗狠之举。”《少林拳术秘诀》云:“心怀大勇,自能豁达大度,忍辱负重。”《昆吾剑箴言》曰:“倘遇自鸣得意者,任其狂悖,不必与人争辩。即得真传,又须涵养性情。倘无知之徒妄加讥贬,只可任其糊迷,不必与之较量。”金恩忠《少林七十二艺练法》则云:“不显于人,不损于己,遇一切外魔挫辱,淡然怡然,不介于意,任人之笑骂嘲激,而无动于心。神专志一,以守吾真,……此圣人所谓大智若愚,大勇若怯也。”

但是大勇所持的谦让并非等同于一味迁就,姑息养奸。更不是鼓励胆怯和取事不关己的态度。孔子曰:“见义不为,无勇也”(《论语·为政》)。该出手时不出手,同样是无勇。儒家“仁学”,并未严格规定诸如“不杀生”之类。相反,正是由民本思想出发,主张对那些残害人民的人,哪怕是国君,人民也有权惩治甚至诛杀。如孟子就说:“贼仁者谓之贼,贼义者谓之残,残贼之人,谓之一夫,闻诛一夫也,未闻弑君也”(《孟子·梁惠王下》)。武德提倡的“忧国忧民,匡扶正义”,正是仁学人伦的从来主张。在武术发展史中不乏救国家于危难,救民众于水火的武林俊杰。南宋民族英雄岳飞,精忠报国的光辉业绩为世人所熟知。在史料中还有一桩大义灭亲的动人事例。据《三朝北盟会编》记载，岳飞青年时听百姓诉说其舅父姚某干了许多欺压百姓的坏事，民愤极大，便决心为民除害，当其舅父得知后，骑马潜逃，岳飞夺马而追，其舅父引弓回射，射中岳飞马鞍，岳飞跃马追上，轻舒猿臂，将其拿下马来，剖腹处死。可见岳飞嫉恶如仇、除暴安民的品格。

明朝嘉靖年间抗倭英雄戚继光，是一位文武兼备、德高望重、有胆有识的民族将领。为了抵抗倭寇的侵略，率领四千余精兵劲卒力战疆场。保家卫国，抵抗侵略，是武德的最高体现。

第四节　重义轻利

义利之辩，古已有之。“义”的意义是合于一定的道或理，符合一定的标准，《礼记·中庸》：“义者，宜也。”孟子云：“……恻隐之心，仁也；善恶之心，义也……。”韩愈《原道》则谓为：“行而宜之谓义。”引申开来，便是指正义。义比忠、孝、节等的范畴和施用对象更广泛和深刻，它几乎包括处理一切人与人之间关系时，思想行为符合互相对待的一定标准的道德观念。“利”泛指利益、好处、名利等自我的功利性表现形式的总称。

重义轻利，从来是武林所推崇的武德信念。

正义在胸，具有崇高牺牲精神的人，必然轻生死，敢赴难。清代贺贻孙便这样说过：“古今侠烈之士，所以大过人者，则存乎胆与气矣。胆恃气而后克，义气所鼓，胆即赴之”(《中国美学史资料选编》下册 302 页)。“义气所鼓，胆即赴之”，这实际上就是武德从来嘉许的“见义勇为”和“舍生取义”。具体地讲，义包括有舍己为人、施恩不图报的精神。“专趋人之急，甚己之称”。“折节为俭，以德报怨，厚施而薄望”(《史记·游侠列传》)。墨家曾把牺牲自己利益以求有助于他人和所从事的事业的人格品德称之为“任”。“任:士损己而益所为也”。“为身之所恶以成人之所急”。有人认为,后世所谓“任侠”的行为风范,便发端于此(陈晋《悲患与风流》112 页)。

武林的重义轻利,还包括劫富济贫、锄暴安民、扶危济弱、抑恶扬善、打抱不平等豪举,包括为国家民族献身的精神和为正义与真理奋斗的崇高思想境界。有违于此,则为武林所不容。司马迁在评价游侠时说:“至如朋党比周,设财役贫,豪暴侵凌孤弱,恣欲自快,游侠亦丑之”(《史记·游侠列传》)。在武林,通常讲,当力量对比有利于正义的一方时,大凡武艺高超之人便会堂堂正正地挺身而出,扫除奸邪;当正义一方的力量不足与之正面交锋时,武林好汉会暗地里相助,以求伸张正义。这一切并非为了名利,支配他们的精神信仰是:社会理想,道德理想、人格理想、究其根本,就是重义轻利。武林讲究为人“仗义”,为人“义气”,视金钱如粪土,都是此意。

按照武德的认识价值衡量,重义轻利实质是习武者对自我与社会的双重认识,通常从本人与统治者、强暴者的利害关系中,与国家民族、弱小民众的义务关系中得到体现。它能唤醒习武者既勇又武、刚强不屈的人格尊严,完善其披肝沥胆、万死不辞的信念,最终借武技行为去反映这种认识,追求有意义的生命价值。可谓:“正其谊(义)不谋其利;明其道不计其功。”

第五节　勤修苦练

习武者必须先学武德。这并非仅是社会的要求和约束,也不仅是事关自身品德修养的问题,而且直接影响到习武能否登堂入室，学得武艺的精髓真谛。这说明武德与武功如车之两轮，鸟之两翼，相辅相成，缺一不可。《管子》中有“去欲则宣，宣则静矣，静则独立矣，独则明，明则神矣。神者至贵也。故馆不辟除，则贵人不舍焉”。孔子亦云：“仁者静，克己复礼为仁”，只有克服私欲，才可能达到仁的境界。太极拳拳旨所谓的处事之道亦是要求拳士们性格温柔，脾气和顺，与人为善，并要锻炼出极强的自制力。这当然一半是本于后发制人，以柔克刚的内家哲学原则，但同时也是对习武者身心技艺修行有益的普遍要求。少林武术强调：“习此技术者以强体魄为宗旨，宜朝夕从事，不可随意作辍”(《少林十戒约》宗法第一时期)。“吾辈研习武事，期在深造，必须持以恒心，刻苦练习，勿躐以求速，勿半途而辍业”(《武士须知》)。少林妙兴大师曾言，少林拳法有“五忌七伤”，一忌荒惰，二忌夸矜，三忌躁急，四忌躐等，五忌酒色。一近色伤精，二暴怒伤气，三思虑伤神，四喜忧伤心，五好饮伤血，六懒惰伤筋，七躁急伤骨”(金恩忠《少林七十二艺练法》)。中国武术诸流派均有类似的严格律己的戒规。显而易见，这是在追求一种心境宁静、意气中和的境界，求取心理的稳定，以期专心致志，学有所成。在中国，武林英雄荣誉与性和好色的绝对不并容共存，应该说这也是一个重要原因。

这种修养也微妙地运用到技击的技术和战术上。少林妙兴大师言：“技击之道，尚德不尚力。重守不重攻。盖德化则心感，力挟则意违。守乃生机，攻乃死机。彼攻我守，则我之心闷，我之气敛，我之精神勇气，皆安适宁静，于是乎生气蓬勃，任人之攻，无所患也。攻我者怒气上涌，六神暴跳，而不守于舍。于是乎神轻气散，而其力自不能聚，纵一时鼓噪，以镇守临之，不须与攻杀，片时即自败矣”(金恩忠《少林七十二艺练法》)。

至于在武功修炼中，“诲人不厌，学而不倦”“敏而好学，不耻下问"等孔子的名言，同样是武林的座右铭，并由此构成了众多的专门武术谚语：

"师傅领进门，修行在个人"；

"一处磕头，百处学艺"；

"欲学惊人艺，须下苦功夫"；

"练拳不练功，到老一场空"；

"学武不用功，功夫不上身"；

"要练武、不怕苦，要练功、莫放松"；

"学不专，拳必滥"；

"冬练三九，夏练三伏"等等。

这些集中反映了"勤修苦练"的重要性，并成为各门派所认同的、有效的约束手段。

附录 武术运动与现代学科管窥

武术的基础理论既包含古代科学成分，也与现代科学有不解之缘。用现代学科的一些观点与方法探讨具有东方文化特色的人体科学——武术，无疑对于武术科学体系的建设和发展具有深远的现实意义和历史意义。

第一章 武术运动的一般心理特点

武术套路与技击法千变万化、技理深邃，要高质量地完成一套武术竞赛套路或者自如地运用某种击法，没有各器官和中枢神经系统高度的协调性和准确性是不可能实现的。套路和对抗的各类动作要做到手、眼、身、法、步和识、胆、气、劲、神的内外结合，均需要在动作的方向、幅度、速度、劲力和时间上恰到好处，达到内意与外形的高度统一。系统从事武术训练，能发展运动器官和神经系统的协调能力，提高完成各类动作的精确水平。

武术运动随着其功能的发展已成为一种武学艺术。运动员要具有丰富的想象能力，这有助于深刻地理解动作的技击含义和动作的要领，摆脱机械模仿的弊端，创造性地提高运动质量，形成自己独特的风格。特别是武术套路中的自选项目（如自选拳、械等），其组合和编排更需要运动员在规则允许的范围内，充分发挥创造能力，扬长避短、展示优势，使各种自选套路新颖、独特。因此在武术教学和训练中，教练要积极培养运动员的思维活动，发展运动员丰富的想象能力。

武术运动员经常伴有独特的情绪体验及复杂的情绪变化。这种"体验"和"变化"直接影响到训练效果的好坏。由于武术高难动作的成功可使精神振奋产生增力的情感，由于"演练状态"中武术意识的充实、得到称赞或表扬，也可能引起愉快的情感，这些情感有利于运动训练效果的提高；疲劳状态下的训练或者技术动作改进不大、套路演练失误较多等常会引起消极的情绪经验，严重地影响训练效果。只有加强目的教育，正确安排训练内容，有节奏地控制运动负荷，充分调动运动员的主观能动性和自觉性，才能促进健康情绪的产生和发展。

武术训练是艰苦的，这里不仅表现在套路动作之多所造成的记忆上的困难，也反映在完成时间短、强度大的特点上，这就要求武术运动员必须具备坚韧不拔、勇敢顽强的意志品质和克服困难的信心、决心。

武术运动记忆很重要，这是与武术项目的种类繁多、动作千变万化相关联的，要掌握武术各类动作，只有在正确识记各种动作、了解动作的基本要素及其技击变化特点的基础上才有可能。记忆从教练讲解示范初步形成表象开始，经过初步模仿，随着练习次数的累积，动作表象逐渐清晰，记忆范围也随之扩大，这时，记忆动作不仅是路线的掌握，而且深化到对动作劲道、节奏、精神、风格的理解和体验，这个过程需要通过各种手段和方法才能获得，运动员要付出极大的代价，没有顽强的意志品质是不可能实现的。

武术运动员在使用器械时，必须具备“器械感”，这是一种专门化的心理品质。优秀武术运动员对器械的长短、轻重、运动过程中的速率和劲道均有精确的反应能力，能够做到内外合一、身械协调，使动作“升华”达到完美的境界，这种心理因素是长期训练过程中形成的，但也会因其间断而消失。

形成准确而清晰的时间和空间知觉对武术运动员也很重要。在完成各类武术套路(包括对练)时，运动员完成各类动作必须凭借视觉、动觉来辨别自身在场地上的空间位置和准备移动的方向，从而调节动作幅度和步法；要判断本身动作的节奏，有赖于运动员精确的时间知觉，它们是各种分析器，特别是视觉、动觉分析器协同活动的结果。

总之，通过武术训练不仅能促进身心健康、增强体质、发展记忆，培养勇敢顽强的优秀品质，改变心血管、呼吸和神经、肌肉的应激性和稳定性，同时能高度发展运动员的视觉、肌肉运动感觉、时间和空间知觉的分化、动作想象、思维能力和积极的增力情感。

一、长拳类型套路的“形”与“神”的统一

长拳的形神统一是指外观的最佳规格动作与内境气质的协调统一，它表现出长拳类型套路中各种动作独特的技击内涵，使武术的风格特点得到充分的体现。因此，必须培养武术运动员在意识控制下，把以肌肉运动感觉为主的心理因素和人的情绪感联系起来的心理品质，提高中枢神经系统对自主神经的控制能力，做到外部表现与内心体验高度完善的统一。

二、太极拳的意念与动作的结合

太极拳与长拳类型的根本区别，在于强调意念引导动作。

它不要求像长拳类型套路练习中的强烈兴奋的情绪状态，而是要求排除杂念，以意生力，在注意力集中到气息吞吐、贯注丹田的基础上，“先以心使身”而后“身能从心”，使内(意念)与外(动作)融为一体。要做到意念和动作的有机结合，从姿势上要“自然伸展，中正安舒”，为放松准备条件；从精神上要“内宜沉稳、神情内敛”，为排除杂念创造良好的内环境；从动作上要“缓、柔、圆、连”，为“绵里裹针”的内劲准备适宜的肌肉运动感觉；从气息上要“细长深匀”，使弛、张有力的动作充实鼓荡。这种别具一格的练功特点，对调整人体植物神经的功能，改变生理活动的亢进状态，促进肌肉运动感觉、时间和空间知觉的发展具有重要作用。

三、对练的心理特点与分析

武术中对练不是真打实摔，而是根据技击动作的特点、规则要求，在特定时间、空间内所组成的假设性的实战演练，分徒手对练、器械对练、徒手和器械对练等多种。

对练要运动员注意力高度集中，既要求注意力的强度要适当，也要求注意力的稳定性持续相对的时间。集中注意力与对练运动员双方的思想作用、技术熟练程度、体力好坏、演练经验等均有紧密的关系。教练员应在训练计划中有意识安排集中注意力的各种专门练习，掌握排除心理障碍的有效方法，保持良好的竞技状态。

对练套路的节奏非常强烈，这种节奏是特定攻防动作本质的反映，因此，运动双方在演练中对整套的节奏感应非常清晰，只要稍有疏忽，或快或慢，就要影响全局，造成演练中断或受伤，这在武术对练中屡见不鲜。

武术对练的“节奏感”包含外象的动静快慢、起伏转折、刚柔遒劲和内境的情感韵律。人类是借助于感觉来感知事物的属性而认识事物的，掌握武术动作也不例外。在教学训练中应运用合理的指令（包括讲解、示范、指挥的口令、语言的揭示、强化等）和各种手段和方法使运动员去感知动作的速率达到自动化程度。运动员富有节奏的演练，能给人以轻松自如的感觉，从假设性实践中领略技击的真谛，得到“逼真感”的享受。

对练运动员动作的幅度、力度、距离间度及其上下高度等都有严格的要求，这些均要靠知觉来判断，长期的规格训练，能充分发展深度知觉的心理品质。

从教学特点看，运动员的反应属于简单反应。简单反应过程只有感觉、联想、运动三个阶段。反应的刺激物是早已熟悉的，回答的动作也已规定，根本不需要预先估量对方意图和可能性而选择应急的应答反应，故潜伏期短、反应快；对练中反应的“动力特点”特别明显，要求运动员对完成该动作肌肉用力大小的能量消耗有一个清晰的表象，用尽可能少的能量消耗完成各种强度负荷的练习。优秀的武术运动员能在保证对练动作质量不变的情况下最大限度地减少能量消耗。

对练是双方共同协调进行的演练，需要各方对动作应答的方向、部位、时间、距离、力量、速度和演练的情感达到高度的统一，形成稳定的“动力定型”，只有配合默契，熟练而准确的互助协同进行，才能使对练表演逼真感人，具有真正的演练效果。

四、散手技能的心理分析

散手是武术对抗性项目之一，是双方在特定规则的约束下进行的徒手实战搏斗的一种运动形式，与假设性对练在动作上虽有联系，在心理特点上却存在本质的区别。

(1)散手运动反应的特点和表现

散手属复杂动作反应，对抗双方事先不清楚实际上会发生什么刺激、应答用何种动作，加上对垒中本身技术、战术的巧妙多变的运用均出现在一瞬间，所以，这种反应类似于拳击、摔跤、击剑等项目，是一种复杂反应，较之简单反应潜伏期要长，反应速度要慢。

教学过程的心理结构有预备期、中心期、结束期。鉴于预备期中的运动中枢兴奋状态不一，造成运动双方预备期的时间长短、快慢有所区别，利用这一特点，先发制人往往会取得战局的某些主动权。

双方在等待进攻信号或准备应答的间歇或者相持时，主要通过视觉来观察、分析、判断对方的意图，对可能出现的进攻做必要的应答准备，一旦交手，感触和听觉也将投入反应活动。因此，散手刺激的信号是复合的，刺激的强度也因对方力量、幅频的变化而有强弱，极易造成知觉反应上有错觉。

复杂反应的生理特点决定了应答动作的迟缓性，然而经过长时间系统的训练可缩短其潜伏期。根据选择反应的不同阶段可以相互联系的特点，对了解对手的技、战术意图和擅长具有重要意义，这样可以有针对性地通过训练强化某种攻防刺激的应答动作，使之形成动力定型，或者找出规律性(即共性)的攻防精髓，使这些动作达到自动化程度，从而使复杂反应的潜伏期几乎接近于简单反应的时间，争取对垒的胜利。

影响反应的时间速度的主要因素是注意力集中时的方向性的正确选择，视野辨别范围和视觉反应的速度，运动肌肉所处的良好状态、情绪的自控能力及体能、技能、智能等。有利于战机的捕捉，是多种能力综合反映的结果，反应的时间和速度在其中起着重要作用。

(2)散手运动员的精神状态

精神状态是攻防格斗中心理活动的外观表现，它主要是通过眼神、外形动作反映出来的良好的精神状态。首先是心理上的优势感，即凡与对手交锋，均要充满战胜对手的信心和勇气，要无所畏惧、勇往直前、敢打敢拼，这种大无畏的精神是每一位散手习练者应具备的心理品质。

俗语说："两强相遇勇者胜。"勇就是精神状态的充实，也就是胆识胆略，有的叫士气，也是这个意思。精神状态的振作，必然会带来行动上的主动，反应上的敏捷，方法上的多变，战略上的正确，战术上的合理，最终战胜对手。

攻防格斗中的控制能力也是必要的心理品质之一。控制能力首先表现在情绪稳定上。遇强手要镇静，气息要平衡，以腹式呼吸来稳定胸廓的起伏，面部表情要严肃、自然，这就是武术中提出的"内示稳沉，外视安逸"的精神要求。凡遇对手切忌盲动，要能"烈"、能"平"。此种应变的精神状态大致有：敌狂我癫，敌狡我奸，敌假畏，我假寒，处处观察局势，用精神上的无形力量为技术上的交锋做充分的准备。

激烈攻防中的"处若虚无"也很重要。要正确对待优势和劣势，镇定暂时性的胜利和失利，能"虚无自在"悠然自得，达到"体处虚无得自然"的思想境界，从容对敌，以不变应万变，不计一招一式之得失，把实看成虚，使自已始终保持清醒的头脑和良好的竞技状态。

人体各部的活动是紧密相关的，精神状态、心理作用是主宰气力发挥的先导，是与战术原则密切吻合的，"体不合心，手忙脚乱，心不言意，招架忙乱"。六合中的"精神"、八法中的"眼"，在某种意义上说是一切战术和技术发挥的基础。其训练内容有脸部的喜、怒、悲、愁等七情和眼睛的注、睨、瞟、斜等专门训练；有稳定内部情绪状态（包括紧张、恐惧）的自我控制练习；有激发情感的诱导练习等等。

攻防格斗中的精神状态既取决于技击格斗技艺的高低而存在，又是超出技击格斗技艺范畴所特有的一种心理素质，既是无形的又是有形的。

(3)散手运动思维活动的特点和积极的增力情感

实战对抗战术的思维非常重要，它要求运动员注意力高度集中，同时需要紧张性和注意力的分配能迅速转移。在瞬息万变的搏击中，要掌握对抗的主动权，就得明了自己的战术意图，并根据临战中的变化迅速实施正确的对策，付之以行动。这种思维的全过程时间极短，具有敏捷、灵活与速动的特点。

技击对抗能使运动员产生鲜明的情绪状态。剧烈紧张抗衡的本身(包括对抗练习和实践)，出于胜负的压力和某种训练目的，运动员必然会产生与此相适应的情绪状态，诸如训练对抗中的优势所产生的积极和消极情绪等。由于正确地估计了对方的实力，习练者充满必胜的信心，精力充沛、情绪兴奋的增力情感鲜明，表现出“运动狂热”的情绪体验。相反，如果夸大了对手的力量和技艺，就会出现体力、技术、战术不适应的状况，而引起恐惧、拘束、缺乏信心等不良心理，产生消极、厌倦的减力情感。有时由于毫无根据的自信，错误的判断又会使积极情感转化为消极情感，造成对抗局面的被动。总之，散手对抗中情况是复杂的，影响运动员的情感状态变化的因素很多，教练要对运动员个性特点作科学的心理诊断和调节，训练中要从培养意志品质入手进行专门的引导，使运动员学会正确分析、判断对手实力的方法，养成研究对策的良好习惯，做好对抗前的心理准备，激发起获胜的积极情感。对于实践中突发事件引起的不良情绪，要充分发挥自己的肌肉紧张度和与此相应的神经的兴奋来调节，这样在危险的关头才会化险为夷、转危为安。

五、太极推手的心理分析

推手是太极拳类的对抗练习，分对打套路和对抗比试两种，是不同于散手形式的又一独特的对抗项目。推手对抗比试是二人各自运用太极拳特有的掤、攦、挤、按、采、挒、肘、靠等击法，将对方重心移动或击出圈外的练习运动。该运动主要通过肌肉感觉来判断劲道，因此，肌肉运动感觉的能力起着很大作用，这种感觉能使运动员感觉到对手动作的细小特点，感觉肌肉力量消耗的程度和性质，并测出对手战术意图，了解对手所采用的技术动作的真、假、虚、实。因此，系统从事这项运动能大大促进肌肉的活动敏感性，达到“一羽不能加，蝇虫不能落”“彼不动、己不动；彼微动、己先动”的境地。

第二章　武术运动对人体生理生化的影响

近几年来，广大武术工作者、科研人员以极大的紧迫感提出了强化武术科学研究问题，而且做了大量细致的调查研究和科学实验工作，开始深刻地揭示了武术运动的神秘功能。现将近年来的有关科研成果总结摘录如下：

（一）武术运动对神经系统的影响

神经反应的快慢决定于反射时的长短，反射的长短决定于兴奋在中枢内通过突触的次数。武术运动中的“以意导动”“以意行气，以气运身”，意到五梢、意存丹田、意布五梢……如此循环往复不绝，对神经系统是极好的锻炼，更使神经兴奋性增高，应变能力加强。

脑是人体中功能最为复杂的器官,其耗能特别多。脑一天的能量消耗占整个人体一天消耗量的1/8至1/6,然而脑自身的能源贮备是很少的,其能量来源主要依赖于血液供给。武术运动中的一些内功拳种能使气血充沛活跃,使分布在脑的毛细血管大量开放,增强脑部血液循环量,从而加强了脑部细胞的供能条件,使脑更加健康。

(二)武术运动对心肺功能的影响

武术中的呼吸与自然呼吸相比,更强调"深、长、细、缓、匀、柔"。其特殊的腹式呼吸要求,由于保持了腹实胸宽的状态,使胸腔宽松,为肺活动创造了良好条件,有利于气体和血液的畅通运转,这与空间效应和按摩效应有关。由于腹式呼吸,膈肌上下活动幅度显著加大,经过练功可使膈肌下降。实验证明,膈肌下降增加1厘米,可以增加肺活量约300毫升。

循环系统是人体供能的主要途径,其机能的好坏,直接影响着身体各器官的功能状况。现在一些临床实验已经证明,武术运动(尤指气功、太极拳等)对减少心肌耗氧量、提高心功能、使心肌功能节省化具有重要作用。

血液中的血红蛋白是氧的载体,其含量的多少,直接影响到血液输送氧的能力,它是衡量机体能力的一个重要指标。血红蛋白存在于红细胞中,一般情况下,红细胞数多则血红蛋白量也较高,但红细胞数过多就会增加血液的黏滞性,加重血流阻力和心脏负担,因而较为理想的是在不增加红细胞的基础上,增加血红蛋白的含量。对一些武术运动员的研究结果显示,安静时红细胞处于正常值的下限,而血红蛋白含量则处于正常值的上限,这表明了武术运动对改善红细胞与血红蛋白的比值有一定作用。

另有研究表明,武术运动对加强淋巴细胞中的T细胞和

B 细胞的适应能力有一定作用，从而证实了武术运动既可加强细胞免疫功能，又能提高体液免疫水平。

(三)武术运动对运动系统的影响

肌力的大小决定于以下五个因素：单个肌纤维的收缩力；肌肉中纤维的数量；肌肉收缩前后的初长度；中枢神经系统的机能状态；肌肉对骨骼发生作用的机械条件。在运动训练影响下肌纤维类型数量是不发生变化的，变化的则是肌纤维的质量。长拳套路和散手运动对提高肌力、加强肌肉工作能力的机理与其他竞技运动基本相似，而气功及太极拳运动保证了对肌肉工作能力更有其独特的功效。气功及太极拳运动保证了对肌肉的营养和氧气供给，使肌肉始终处于有氧代谢之中，神经的适度兴奋状态，能促使肌纤维兴奋性增高，参加运动的肌纤维也相应增多，因而肌力也必然增大。

(四)武术运动对内分泌系统的影响

由于武术运动对意念和呼吸的要求，练功之时也就非常重视意守丹田和进行腹式呼吸，这就比其他运动项目更能刺激植物性神经系统，从而通过神经间接地影响到内分泌系统的活动。

有资料显示，太极拳对人体的要体——甲状腺轴和垂体——性腺轴都有良好的影响，同时也对肾上腺的分泌起到积极的促进作用。武术运动对于机体生理、生化方面的影响是全面的，除以上几个方面外，武术对维持内环境化因素的恒定，加强酶的活性以及改善消化、排泄系统都有着积极的作用。

第三章　武术的解剖形态学基础

运动解剖形态学是研究体育运动对人体形态结构产生的影响，并探索人体结构的机械运动规律和体育技术动作关系的一门学科。运用运动解剖形态学的原理来研究武术运动，可以使我们进一步理解武术运动系统的结构及其运动规律，掌握人体完成武术动作的基本要求。

一、解剖形态学为武术运动员的科学选材提供了依据

武术运动既是群众性的健身体育项目，也是竞技性的体育项目，它不仅列入全运会和亚运会而且开始走向国际体坛。当今世界，几乎所有的体育强国，都认为运动员的科学选材是取得优异成绩的重要因素。苏联著名教练员符·阿拉宾认为："不经常考虑选材问题，训练工作将是徒劳无益的。"曾有不少人断言，"选材成功意味着训练成功的一半"。长期从事武术运动训练必然会对运动员身体外部形态产生特殊的影响，而武术运动的特点和要求又给武术运动员的身体外部形态提出了特殊的要求。根据有关调查研究表明：从年龄上讲，武术套路运动取得全国名次的平均年龄是男子 14.4 岁，女子 14.3 岁，而训练年限平均 6 年以上，其年龄变化密度男子为 13—17 岁，女子在 12—16 岁。年龄鉴别的方法主要有齿龄鉴别法、骨龄鉴别法、第二性征鉴别法。从身体外部形态来看，武术运动员有以下特征：眼睛有神、身高适中、五官端正、四肢匀称、手长掌大，6—9 岁的儿童其身高与体重之差应大于 115 较为适合，关节活动幅度大、皮脂较少、腿形、足弓正常。

眼睛有神是武术“精神”的外部表现与要求，五官端正是武术古典美、形体美的体现。“一身之戏在于脸、一脸之戏在于眼”揭示了武术竞赛和表演中的演练技巧，是“精、气、神”的凝聚。

身高适中，四肢匀称，手长掌大，身高与体重之比适宜，是武术运动特征提出的要求。武术运动要求动作灵活、舒展大方、节奏分明，手长有利于加大动作幅度放长击远，掌大有利于抓握各种器械，四肢匀称体现了武术形体美的要求，而身高适中有利于起伏转折、动迅静定。

关节活动幅度大、皮脂少、腿形、足弓正常是武术运动规范的要求。关节活动幅度大、皮脂少有利于完成各种灵巧性和柔韧性动作，如劈叉、坐盘、翻腰、朝天蹬等。腿形足弓正常不仅有利于三角支撑，而且对跳跃动作的高度、静止的造型动作亦有良好的促进作用，会给人一种美好的精神享受。

二、解剖形态学为教学训练科研规范了动作术语

武术运动的技术动作复杂多变，为了准确地记录武术套路技术动作的运动形式和特点，进行科学研究、交流和教学训练，应运用解剖形态学的定位术语将肢体的运动方位和路线描绘出来，并用人体下肢与上肢的运动形式，或形态学的方法进行命名，从而为图解武术动作和进行武术教学、训练、科研提供方便。同时也为武术技术逐步统一规范，避免术语上的混淆奠定了基础。通常采用的有以下几种方法：

（一）矢状面和矢状轴：

沿身体前后径所作的与水平垂直的切面，称矢状面。矢状面将人体分为左右两半。沿正中线所作的矢状面称为正中面。垂直通过额状面，前后平伸与水平面平行的轴叫矢状轴。如武术长器械（棍或枪）的左右舞花，短器械（刀或剑）的左右劈、

挂、撩等方法就是绕人体额状轴，靠近人体矢状面完成的动作。

（二）额状面与额状轴：

沿身体左右径所作的与水平面垂直的切面称为额状面，也称为“冠状面”。额状面将人体分为前后两部分。垂直通过矢状面，左右平伸与水平面平行的轴，称为额状轴。在武术中沿着额状面运动的动作很多，如拳术中马步双劈拳、左右抡拍打（乌龙盘打）等，就是在人体额状面完成的动作。

（三）水平面与垂直轴：

横切站立人体与地面平行的切面，称为水平面。此面将人体分为上下两部分，而与人体轴平行，与水平面垂直叫垂直轴。武术套路中沿水平面运动的动作非常多，如器械方法中的扫、云、斩，拳术中的云手、冲拳、剪踢等就是绕人体垂直轴在水平面上完成的动作。

（四）关节与武术运动

解剖形态学认为，骨的连结有两种形式：一种是无腔隙的骨连接，它包括韧带联合，软骨连接等；另一种是有腔隙的连接通常叫关节。研究关节在武术运动中的活动情况，在攻防格斗中有着十分重要的意义。

关节是由关节面、关节面的软骨、关节囊以及关节腔所组成的。根据关节运动轴的数目和关节形状，人体关节可分为单轴关节、双轴关节和多轴关节。关节的运动取决于关节面的形状。有屈伸、收放、外展、旋转和环转等几种形式。关节运动有一定的幅度，其幅度的大小是肌肉工作能力能否充分发挥的前提之一，它取决于关节面的大小、关节囊的厚薄与松紧度、关节韧带的多少与强弱、关节周围的骨结构、关节周围肌肉的体积、伸展性和弹性等。由于武术运动对柔韧素质提出了极高的要求，而关节运动幅度又与柔韧素质密切相关，因此，增加关节的运动幅度不仅关系到武术运动的协调性和完成技术动作的质量，而且对充分发挥肌肉力量、防止运动损伤都起到积极作用。同时，对关节运动形式的研究，还可以使技术动作术语更加规范化，为武术攻防擒拿格斗提供一定的理论根据。

第四章　生物力学的基本原理在武术运动中的作用

武术运动主要包括武术套路和散打两种形式。无论是何种拳系或散打，都是在自身的内力和外力的作用下完成的，都必须遵循力学运动的客观规律。在套路运动中，动、静、起、落、站、立、转、折、缓、快、轻、重，对人体的力量、技巧提出了较高的要求，但同时，又必须遵循运动生物力学的规律。所谓"劲力顺达""起于腿、发于腰、传于肩、催于肘、达于手"，正是运用力学原理的具体体现。在散打运动中，无论是直拳、摆拳，蹬腿、侧踹还是在搂抱过程中的快摔动作，均要求支撑腿蹬地产生一个地面的反作用力，通过腰部，迅速传递到手或脚，力达对方。在快摔中，还要借力，所谓"任它巨力来打我，牵动四两拨千斤"。"以快打慢" "以巧胜拙" "引进落空"等散打的真知灼见，无不充分反映力学原理在散打中的运用。因此，努力学习和掌握一定的生物力学知识，在武术学习、教学、训练和科研中将起到十分重要的作用。

《庄子·人间世篇》有"以巧斗力者，始乎阳，常卒于阴，大至则多奇巧"。武术从某种意义上来讲，是一种"以巧斗力"的运动。所谓“巧”，就是要善于运用力学的基本原理与方法。特别是在教学过程中，要让学生改变单纯的模仿动作，避免只知其所以然，就必须运用生物力学的知识来分析武术技术运动的方法和依据。例如，在进行“飞脚助跑与起跳”教学时就可以从助跑的速度、起跳的角度、摆臂的幅度来分析。根据力学原理，在起跳角度相同的情况下，垂直的初速度越大，腾空也越高，为此，助跑幅度一步比一步大，速度一步比一步快，重心则逐步下降，最后一步，上体要适当后倾，并伴随送髋，起跳腿伸直，以脚跟领先着地，并踏在身体重心的投影线前 40—60 厘米处，踏地角约为 120—150 度，这样不仅使踏地瞬间支撑反作用力几乎全部通过人体重心，使上体向前速度受到限制，从而防止身体向前冲出影响高度，同时，也产生了较大的支撑反作用力和水平力，对发挥垂直速度有利。摆臂不仅可以维持身体平衡，而且可以借助手臂上摆、制动，增加身体的高度。这样，不仅可以使学生加深对动作的理解，而且可以激发起学生的学习兴趣与研究。

目前，生物力学的基本原理与方法，不仅用于教学与训练，而且是被广泛地采用为科学研究、运动员选材的基本方法。较全面地掌握力学的基本知识，无疑将有益于推动武术运动的科学化、规范化的进程。